点亮阅读之灯
——小学生阅读习惯和快乐成长研究

周进红 著

首都师范大学出版社
CAPITAL NORMAL UNIVERSITY PRESS

图书在版编目（CIP）数据

点亮阅读之灯：小学生阅读习惯和快乐成长研究 / 周进红著. — 北京：首都师范大学出版社，2023.4

ISBN 978-7-5656-7489-1

Ⅰ.①点… Ⅱ.①周… Ⅲ.①阅读课—教学研究—小学 Ⅳ.①G623.232

中国国家版本馆CIP数据核字（2023）第064614号

DIANLIANG YUEDU ZHIDENG

点亮阅读之灯
　　——小学生阅读习惯和快乐成长研究

周进红　著

责任编辑	李佳健

首都师范大学出版社出版发行

地　　址	北京西三环北路105号
邮　　编	100048
电　　话	68418523（总编室）　68982468（发行部）
网　　址	http://cnupn.cnu.edu.cn
印　　刷	廊坊市印艺阁数字科技有限公司
经　　销	全国新华书店
版　　次	2023年4月第1版
印　　次	2023年4月第1次印刷
开　　本	710 mm×1000 mm　1/16
印　　张	13.5
字　　数	220千
定　　价	38.00元

版权所有　违者必究

如有质量问题　请与出版社联系退换

序一

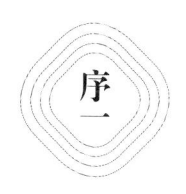

忘记了是什么原因，2015年的"京苏浙粤"小学语文研修项目交由我临时负责。"京苏浙粤"是四省市联办的高端培训，每省遴选10位优秀的小学语文教师，在一年的时间里，先后到北京教育学院、江苏第二师范学院、浙江省教研室和广东第二师范学院研修一周，旨在加大各省市教师的互动交流，推动教学变革的区域性探索。进红是2015年北京选派的学员，前三站没有看出她有什么特别，按时到位，认真研修，稳稳当当地，轻易不发言。最后一站是北京，按规定要举办一次教学现场活动，呈现北京教学面貌，用真实的教学情境引发讨论。学员在本区域都小有名气，大多担任着管理工作，或多或少有点爱面子，或多或少有点不愿意增加压力……进红愿意上课，愿意在本校张罗研讨活动，没有高调的积极表达，没有遇到麻烦的抱怨，各项安排有章有法。还记得进红执教的是《渔歌子》，在学校礼堂的舞台上，稳稳当当、不紧不慢，教学活动设计切中目标，教学组织合规合矩，教学语言流畅简明。课如其人，转眼8年间过去，每次进红联系我，讨论教学或组织教研，都是这个风格。

几年间，我多次到进红所在的学校听课，重点关注整本书阅读的课堂教学，一遍一遍听一遍一遍改，她带着热爱阅读的老师和学生们不急不躁地往前走，成绩斐然。让我没想到的是，她居然攒了这么多的教学随笔，在出差的路上，读着这些"碎碎念"的文字，还原进红这些年在阅读上下的苦功夫，生出许多赞叹。书中的随笔是按照"读书习惯"和"快乐成长"分类的，在我看来，还有另外一种分类方法。

一、教师自己的阅读感悟

爱读书的老师带起一批爱读书的孩子。进红对自己有要求，阅读收获颗粒归仓,在跟孩子们交流的时候,她带着读过的真实感受,带着成人视角的真实收获,用自己的认知经验引领者孩子们的认知发展,用自己的阅读经验引导孩子们建构阅读策略。教师的专业成长与学生的学业发展同频共振,妙不可言。在这些阅读感悟中,能看到进红阅读视野的拓宽,能看到她自己的认识发展,看到她阅读经验的丰富,阅读感悟的深入,看到她对于在阅读中融入自己对教育的思考。在阅读中沉淀着自己,用厚实的积累影响着学生。"点亮阅读之灯",先要点亮自己的人生。

二、阅读活动中的全人教育

阅读习惯仅仅是阅读的习惯吗?还是学生自主规划学习行为习惯,自主整理信息的思维习惯,自主克服困难的意志品质。在进红的整体布局下,学生借助不同类型的读写活动,逐步形成了精读的路径,掌握了做笔记的方法,能够用不同的形式记录阅读的过程、呈现阅读的成果,能够用不同的媒介分享阅读收获。情节图、记录表、推荐卡,是阅读工具,也是自我管理的工具。在阅读中,学生质疑、反思、实践、优化,在可视化的成果中看到自己的阅读历程,探索如何提高阅读质量,如何更充分地发挥阅读的价值。学生在阅读过程中厚实文化基础,探寻自我发展之路,其中隐含的育人价值不可小视。

三、阅读能力的持续进阶

记录阅读指导的历程必然关联学生的学习成果。散落在各篇随笔中的学习成果能够勾勒出学生阅读策略建构的过程。最初,是在老师的指导下完成规定的阅读要求,提交规定的学习成果。然后,是学生自主阅读过程中的笔记、批注、图示,学生逐步掌握了提取、整理、联结信息的方法,逐步形成了主动与作者对话的习惯。后来,学生的理性思维得到发展,能够自主开展对比分析,能够自主建立不同书目、不同形象、不同情节的联结,不断扩大的联结视角带动着学生思维能力的发展,学生的审美经验越来越丰富,对世界的认知越来越清晰。

四、成长历程中的愉悦体验

学生的成长不只老师看得见,不只家长看得见,他们自己也看得见。当他们懂得了"独行快,众行远"的道理,能够"预则立",实现了"自己的事情自己做",意识到清晰的目标很重要,需要进行负责任的选择,学会"以己之心,度人之腹",意识到"不以规矩,不成方圆"……他们的生活会发生很大的变化,他们会意识到成长的力量,意识到是阅读帮助他们成为更好的自己,意识到这种变化会在持续的阅读中持续发生。成长历程中的愉悦体验,有助于孩子们成为终身学习者,成为推动社会进步的坚实力量。

作为一个语文教育工作者,我认为这四个方面的成功经验可圈可点,启发我们思考整本书阅读的教学价值与教育价值,启发我们思考深度阅读对学生发展的促进作用。

不远的未来,进红还会有作品。我相信,出了书,她对自己依然有要求,依然会坚持阅读,坚持带着学生阅读,坚持记录阅读指导过程中的点点滴滴。期待,进红成为年轻教师的实践榜样,期待,进红新的探索新的创作。

是为序。

北京师范大学文学院研究员、博士生导师
中小学(中职)语文国家教材重点研究基地副主任　吴欣歆
2023年3月21日

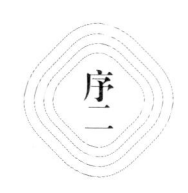

做那盏照亮心灵的明灯

"每个孩子都是一颗松树的种子，具备长成参天大树的先天基因。若把这颗种子栽进杯子里，就很难生根发芽；若把它栽进花盆里，它至多长成盆景；若把它栽在读书与实践的大地上，那么这颗种子在沐浴日月光华、汲取充足的生命能量之后，必会长得枝繁叶茂、高入云天。"读到这句话的时候，我的心不由得一震！孟子曰："君子有三乐。父母俱存，兄弟无故，一乐也；仰不愧于天，俯不怍于人，二乐也；得天下英才而教育之，三乐也。"周进红老师无疑就是这样一位，愿得天下英才而教育之的有着深沉的教育情怀的好老师。

教育情怀（Educational feelings），是"教师对教育事业的一种深沉、持久、难以割舍的感情。"拥有教育情怀的教师，必定拥有高尚的情操和品德，在教育过程中必定会投入真挚的感情，对教育活动必定有着自己独特的感受与理解。我听过多次进红老师的课，读过《点亮阅读之灯》这本书之后，更加能体会到进红老师的课堂不仅仅是对学生进行单纯的知识传授、能力培养的课堂，更是时时散发着人性的光芒，关怀着人心的培育与成长的，温暖的、生动的、有情怀的课堂。

教育的本质是一棵树去撼动另一棵树，一颗心去靠近另一颗心。在《点亮阅读之灯》这本书里，进红老师用自己细致入微的观察，收集了教育教学中无数温暖人心的小故事。这些故事，或初添烦恼，或逗人一笑，或点滴收获，或发人思考。每一篇故事都是那么真实，那么风趣，那么用心地在做着教育，在指引着学生去阅读，在真诚地与学生进行着心灵的共振与交流。字里行间，无时无处不散发着教师的感性思考，教师的深沉情怀！

  挚爱学生的教育才是唤醒灵魂的教育，才是最自然、最真实的教育。《点亮阅读之灯》这本书里，写到了不少孩子。无论性别、家庭和个性差异，在周进红老师的故事里，他们都是一个个鲜活的生命，都是一个个独立的个体，都有着自己或这样或那样的有趣的生活。进红老师对学生的爱，则不仅仅表现在指导学生读书、习字，认识世界上，似乎更是在引导他们在用心读书之时，去感人物之情，去明书中之理，去学立世之道。有时是培养他们坚强、勇敢的性格；有时是引导他们锻炼学会享受幸福，经得起苦难的品质；有时则又在告诉学生困难来临时要拥有从容应对的意识和能力。故事中的进红老师，对学生的挚爱不是高高在上、蜻蜓点水般的说教，而是于循循善诱、潜移默化中，使学生的知识能力、思维情感得到和谐统一的良性发展，使学生的人生观、价值观、世界观和道德意识与时俱进，得到全面的、均衡的进步。

  学为人师的意义在于教化从容；行为世范的目的是能砥砺前行；教书育人的境界则是要塑造心灵。教育情怀，一个字，爱；两个字，大爱，所以教育情怀是一个最干净纯粹的词汇。物质世界，浮躁、喧哗。拥有教育情怀的老师们就应该像周进红老师这样，热爱教育、挚爱学生、淡泊名利，无畏前行，把正能量传递给每一个学生。用我之行，用我之言，用我之思考，用我之品德，去点亮那一盏盏悠悠燃起的心灵之灯。

北京市通州区教师研修中心研修员、正高级教师　张立娟
2023年1月28日

目录

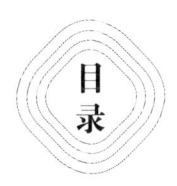

上篇　读书习惯

为什么要读书 ... 003
光阅读成绩还不低了 ... 004
迷恋读书的睿睿 ... 008
从小埋下写作的种子 ... 009
被"告状" ... 011
读"三国"聊"三国"写"三国" ... 013
我应该得给他点教训才行 ... 015
读书时间 ... 016
读书是一种享乐 ... 017
多读书 ... 018
将读书变成一种习惯 ... 019
读书即"养眼" ... 020
床头书 ... 021
读书，这么好的事 ... 022
读书如饮食 ... 023
让孩子读适合的书籍 ... 026
你在为谁而"玩"？ ... 027
读书——请走出"舒适区" ... 029

手端银碗讨饭吃	030
阅读，开启孩子智慧之路的起点	031
打开学校大门	032
读书记录表	034
好书推荐人	035
人生识字忧患始	036
培养终身的阅读者	038
一个人的精神发育史就是他的阅读史	041
阅读点燃梦想	042
阅读是吸收，写作是倾吐	044
在读书大地上生长	048
围炉夜读	050
每本书都是一粒种子	052
读书要边读边思——以部编版推荐阅读书籍《爱的教育》为例	053
读书要思辨	055
写读书笔记（一）	056
写读书笔记（二）	059
写读书笔记（三）	062
写读书笔记（四）	064
人物形象分析	066
情节图	069
环境描写	072
拓展	074
暂停阅读	076
部编版教材1—6年级"快乐阅读吧"阅读书目	077
引导深度阅读　强化阅读习惯	080
自主合作探究的学习方式在校本阅读课中的运用	082
《童年》整本书课堂教学实践研究	088

下篇　快乐成长

降半旗	093
磕头	094
学习搭档	095
打群架的学生	097
我也让你背不下来	098
老师，我的书丢了	099
画"小人"	100
爱哭的女生	102
父与子	104
礼	105
细节决定品质	106
耐心	107
亲子协议	108
家长会——低年级语文学习习惯的培养	110
老师为什么不亲自教她的儿子	112
宝箭	113
曾国藩和小偷	114
垂钓	116
知之者不如好之者，好之者不如乐之者	117
海马的焦虑	119
狐狸妈妈	121
狐狸和蔷薇	122
三个石匠的故事	124

唤醒	127
黄金法则	130
自我激励	132
宝剑锋从磨砺出　梅花香自苦寒来	133
独行快　众行远	135
凡事预则立，不预则废	137
自己的事情自己做	140
海伦·凯勒	142
理想很丰满　现实很骨感	144
清晰的目标	145
少成若天性　习惯成自然	147
用孩子的眼睛看世界	149
以己之心，度人之腹	151
暗示的力量	153
表扬	155
不以规矩，不成方圆	156
大脑的海马区	159
飞轮效应	161
猴子与果汁	162
狐狸法则	164
顽童做州长	166
母仪天下的花朵	168
学贵有疑	170
在挫折面前	171
学书法	173
罢工通知	175
自控	177

榜样	178
代币奖励	180
言传身教	181
家庭熏陶	183
情绪疏导	185
天下大事必成于细　天下难事必成于易	186
行为契约	187
行为训练	189
课堂是守望幸福的地方	191
老师，上您的课是一种折磨	193
古诗是璀璨的明珠	194
学古诗	196
小荷才露尖尖角　早有蜻蜓立上头	197
自古英雄出少年	198
科学精神	199
科学思维	201

上篇　读书习惯

为什么要读书

当窗外桃花开得热烈时，当雨夜窗外的雨点噼里啪啦敲打着窗户时，拿上一本书，进入书的世界，何等美妙！

读书，可以说是人世间最不劳而获的事情，试想，古圣文人雅士，或以数年之功，或穷毕生之力，将他们所观察、感觉、思索的事情，以生花妙笔著作成书，而读者只要花费数日的工夫，便可以把书中所表达的思想、感情、经验、智慧，完全地吸收，这不就是不劳而获的快乐吗？

读书，会变得明理、温和有礼，还会变得可爱。《吕氏春秋》有言："君子所以学者，为能变化气质而已。"中外名著满载智慧，有我们应该掌握的基本修养，书中的真理跨越时代，通行全世界。

读书，让大脑得到锻炼。它让人的前额叶全速运转，而前额叶正是掌握人的思维、感情、创造力等的大脑的一部分。黄永玉先生说："读一点书，思考一点什么问题时不那么费力，还觉得妙趣横生。"书读得多了，看问题就越相对化，也就越能够去冷静地咀嚼和思考各种各样的观点和主张。

读书，可以让你遇见人生之路的导师。读你人生榜样的人的书，就如同你总是和你最敬爱的人生导师生活在一起。

从古至今，多少伟人不是经由读书而踏上成功之路？悬梁刺股的苏秦，凿壁偷光的匡衡，藏火苦读的祖莹，他们锲而不舍的求学精神，皆为后人树立了楷模。现如今，真正成功的人，都是用功读书的人。

读书，赐予你力量，磨炼你的意志，丰富你的人生。

光阅读成绩还不低了

写这篇文章源于一位教师问了我这样的问题:"强调引导孩子去阅读,那每天的学科作业怎么办?光阅读了,成绩还不低了?"这使我想起北京教科院给我区出的语文调研试卷,学校五年级的一个班在期中取得了平均94.2分的好成绩。

上面说的这个班仅半年时间就将"哈利·波特"整套书(共7本)读了好几个来回,想想学生的阅读速度、理解能力是不是要高一些呢?

苏霍姆林斯基在《给教师的建议》中写道:"教科书的知识,仅仅是入门常识。请记住:儿童的学习越困难,他在学习中遇到的似乎无法克服的障碍越多,他就应当更多地阅读。阅读能教给他思考,而思考会变成一种激发智力的刺激。"[1]所以,仅仅依靠书本知识提高语文素养是不够的。

意识到了阅读的好处,我们应该怎样通过阅读积累提升学生的语文素养呢?通过实践,我认为以下几点还是很有效的。

一、激发学生读书的兴趣

北京教科院在区调研反馈时给的关于阅读的反馈结果见下图。

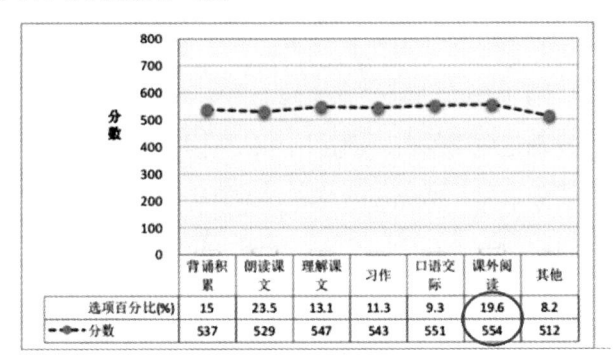

语文学习中,你掌握最好的一项是

	背诵积累	朗读课文	理解课文	习作	口语交际	课外阅读	其他
选项百分比(%)	15	23.5	13.1	11.3	9.3	19.6	8.2
分数	537	529	547	543	551	554	512

从图中可以看出,掌握"课外阅读"最好的学生标准分最高,课外阅读和学生语文素养的提高有明显的正相关。那么如何激发儿童的阅读兴趣呢?日本

"绘本之父"松居直先生在《幸福的种子》一书中所说："图画书对于幼儿来说，不是拿来学习东西的，而是用来感受快乐的。"只有当孩子体会到阅读带来的快乐，才能培养起阅读的习惯，从而提升语文素养。我认为孩子只要一次美好的阅读体验，就有可能开启儿童终身的阅读习惯。但由于所处时代、环境和外力影响的不同，每个儿童与自己生命相契合的书籍相遇的时机和方式也不一样。教师和家长要帮助儿童发现美好的阅读体验，让其与当下生命的"那一本"相遇，帮助儿童找寻与他们当下生命相对接的书籍，努力寻找能够带来快乐体验，从而培养其终身阅读的习惯和能力。

二、选择好阅读书籍的种类

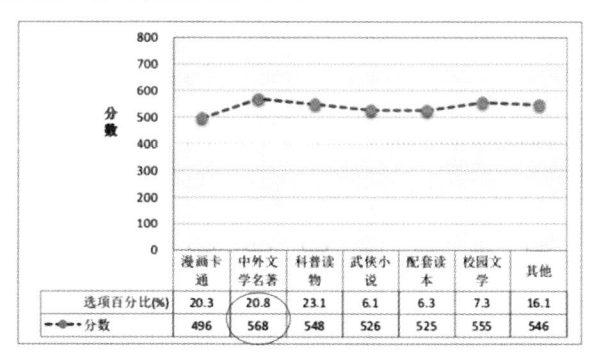

你最喜欢的一种课外读物类型是什么

	漫画卡通	中外文学名著	科普读物	武侠小说	配套读本	校园文学	其他
选项百分比(%)	20.3	20.8	23.1	6.1	6.3	7.3	16.1
分数	496	568	548	526	525	555	546

从上图的调研结果来看，阅读书籍的种类和学生语文素养的提高有很大关系。阅读中外文学名著的标准分最高，其次是校园文学，再次是科普读物，而其他、武侠小说、漫画卡通排在了后面，所以学校和家长要选对读物。而面对浩如烟海的古今中外图书，到底应该如何选择？我的建议是：第一，选择经典图书，让孩子在有限的时间内阅读对自己成长和发展具有深远影响的作品。第二，选择适合孩子年龄段的图书。选择的书目要兼顾不同年龄孩子的认知特点和兴趣爱好，并综合考虑文学性、艺术性、思想性、趣味性等标准。

三、每天至少30分钟阅读时间

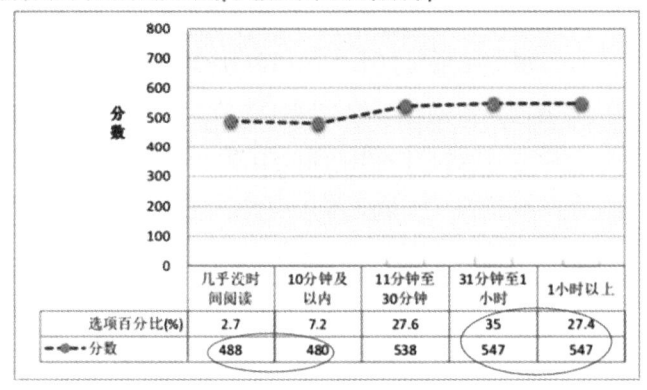

你平均每天阅读课外书的时间大约是(不包括课本和配套读本)

	几乎没时间阅读	10分钟及以内	11分钟至30分钟	31分钟至1小时	1小时以上
选项百分比(%)	2.7	7.2	27.6	35	27.4
分数	488	480	538	547	547

从图中可以看出，短时间阅读对学生语文素养的提高作用不大。其中31分钟至1小时的阅读时间学生的标准分是相同的，而低于30分钟标准分相对较低。如果学生还没有真正建立起自己的阅读习惯，教师和家长需要鼓励他们每天坚持阅读，减少让他们分心的事物，并为阅读创造安静的时间与空间。切忌过度追求孩子每次的阅读时长，习惯更重要，需要慢慢地养成。

四、鼓励学生多分享

我主动向同学介绍我读过的好书

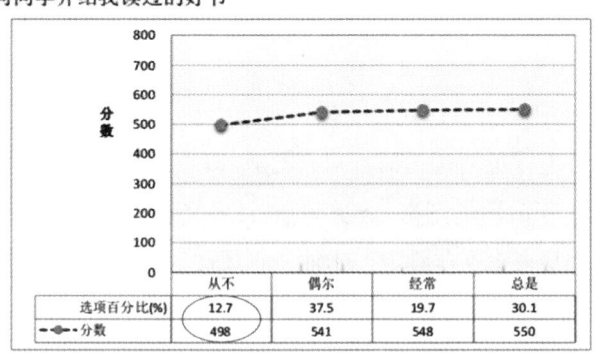

	从不	偶尔	经常	总是
选项百分比(%)	12.7	37.5	19.7	30.1
分数	498	541	548	550

从图中显示，阅读分享对学生语文素养的提高具有重要作用。"总是"分享的学生标准分最高。上面提到的班级半年内全班学生都能共读"哈利·波特"整套书，其实跟老师给学生上的"阅读分享课"及教师课下和学生共同聊书的话题有很大关系。老师上完阅读导读课，给学生大致介绍这套书后，只是部分

学生课下读这本书。但老师两轮分享课上下来，全班学生对这本书就爱不释手了，课上课下老师和学生，学生和学生探讨人物关系、人物性格；探讨事件发生的脉络过程；分析人物、事件、环境、时代背景等因素之间的相互影响关系等，聊得好不热闹！学生为了能够和老师、同伴之间聊得更通透，反反复复地读，不知不觉间养成了边读边思考、分析并有自己观点的阅读习惯。学生有了这种习惯，再阅读其他书籍时就能够深度阅读。六年级毕业时，学生已经阅读了很多古今中外经典名著，因此让学生主动分享书籍，收获颇多。

如今，各种提高学生阅读兴趣、习惯、方法的妙招层出不穷，我认为教师和家长要学会选择，找准机会，寻找到适合学生阅读的那一款书，把他们领进书的海洋，遨游其间，收获阅读的快乐，慢慢引导学生读他们喜爱的各种类型的经典书籍，养成阅读的习惯，并学会分享，阅读积累不断增多，从而语文素养也会在潜移默化中提高。

参考文献：

[1] 苏霍姆林斯基，杜殿坤编译.给教师的建议[M].北京：北京教育科学出版社，1984.

迷恋读书的睿睿

我同事李老师的儿子睿睿上二年级,他在下半学期开学第一周就读了一本268页的整本书,而且一晚上就读了将近一半!饭前读、饭后读,睡觉前还在被窝中读着,真可以用"迷恋"来形容了。

这本书是一个9岁儿童的原创作品。之所以给睿睿读这本书,是因为李老师和我说,睿睿的老师刚开学就跟她反,睿睿课上总是自言自语。

平时睿睿放学后会到我们办公室找他妈妈,通过我对睿睿的观察,他确实爱表达,特别是和其他两位老师上一年级的孩子聊个不停。两个小朋友也懂睿睿在说什么,还和他一唱一和的。

我从书柜里将这本书拿给李老师,和她说:"可以试试让睿睿把心里的话写下来,因为'写'也是一种表达。这本书是三年级小朋友写的,这个小朋友能做到,我相信睿睿应该也能做到。"

李老师当晚就把这本书给了睿睿,没想到睿睿一读起来就爱不释手,她说之前一直给睿睿读的是绘本,没想到他能读全是字的书。哈哈,儿童的世界儿童最懂!真希望睿睿也能成为一位儿童原创作家。

睿睿三年级时,写了一篇800字的作文,而且还不错!未来的小作家就在不知不觉中产生了,美哉!

从小埋下写作的种子

冰波先生创作的《孤独的小螃蟹》中有个"恐龙鲁鲁"的故事，主要讲述了小恐龙鲁鲁诞生后，在青蛙先生的照顾下长大，他学会帮助城里的小朋友，还帮助老鼠七兄弟浇灭了森林大火……这个故事深受学生喜爱，读的时候大家乐开了花。听完故事之后，大家都非常喜欢鲁鲁，因为鲁鲁乐于助人，比如：给小朋友送到幼儿园、帮助小动物看戏，帮小鸡赶走狐狸……喜欢鲁鲁还因为他有趣，比如用尿灭火，唱歌同时会下雨、名副其实的"雨神"，因为喝可乐太多升上天空……

学生听读之后意犹未尽，怎么办？我们自己创作故事！

我问学生："你们觉得鲁鲁还会发生什么事？"

学生脑洞大开："鲁鲁做棉鞋、鲁鲁送药、鲁鲁去环球影城……"

"哇，这么多，那我们把这想到的故事写下来吧！"

以下是学生的作品。

恐龙鲁鲁去环球影城

这天恐龙鲁鲁来到了新开的环球影城。它先在门口拍了一个自拍，买了一根冰棍边走边吃。当鲁鲁悠闲地走到侏罗纪公园景区门口时，却被五花大绑地拽到了表演厅，因为鲁鲁太像里面的恐龙玩具了。恐龙鲁鲁可不喜欢表演，它找个机会咬断绳子逃掉了，逃脱的时候震得地面都裂开了，但是鲁鲁可顾不了这些。鲁鲁头也不回地坐着地铁回家了，它心想：我再也不去环球影城了，太可怕了。

恐龙鲁鲁堆雪人

今天城里下了一场大雪,鲁鲁和小朋友们一起出来玩了。

小朋友们打起雪仗了,有的小女孩堆起了一个个雪人。

鲁鲁也堆了一个雪人。鲁鲁跟她们堆一样,大家用胡萝卜当鼻子,鲁鲁也拿胡萝卜当鼻子。不过鲁鲁的雪人要比她们堆的大,也比她们堆得多。

就在这时,小花猫跑来了,对鲁鲁说:"不好啦,不好啦,水面上的冰破了,大家都掉到水里去了。"鲁鲁赶快跑去救小动物了,鲁鲁把大家都救上来了,大家都夸鲁鲁是好孩子,鲁鲁高兴得笑了起来。

恐龙鲁鲁睡大觉

"嘘,恐龙鲁鲁在睡觉,不要吵它!"小猫小声说。

"恐龙?你说什么呀?这都什么时代了,哪有恐龙?"小狗、小马、小猪一点都不信。

"不信,你就往上看。"小猫手指上方,恐龙鲁鲁正在树上睡大觉呢!

"哇,果然是恐龙!"大家睁大了眼睛。

"嘘!不要说话!恐龙鲁鲁在做梦呢……它梦到的是它爬到珠穆朗玛峰了,嘻嘻……"

"好厉害!好厉害!"大家赞叹着。

学生的原创作品生动、有趣,延续了冰波先生写作的特点,学生在模仿着作家进行创作,说明学生对作家的写作特点也有了一些隐性认识,这种隐性认识是学生深入阅读的结果。二年级的学生虽然识字不多,但想象力丰富得很。让这些奇思妙想诉诸笔头,就是种下写作的种子。这些种子总会生根、发芽,有一部分总会开出灿烂的花朵。

阅读是写作的基础,写作又能促进学生读更多的书,阅读习惯就在阅读和写作的相辅相成中形成了。

被"告状"

一（3）班的小博同学是个招人喜欢的男孩，聪明、伶俐外加可爱。可是聪明没用对地方，由于总是招惹同学，所以每天都有同学上班主任田老师那儿告他的状。

田老师刚接班，一开始都是把小博叫到办公室，晓之以理，动之以情，但是小博依然被告状。田老师只能请家长到学校来，家长也很无奈，说在家里说了无数次，可是小博还是那么闹腾。

学校推动阅读活动后，各学科老师都鼓励学生读书，推荐不同类别书籍。

不知从什么时候起，再也见不到小博到办公室里来了，我把我的疑惑和田老师说了。田老师自豪地说："小博同学现在可爱看书了，课间读，中午饭后读，在家也读了好多书。"我问："还招惹别的同学吗？"田老师回答："我们小博哪有那闲工夫啊！"

英国有句谚语说得好："没有比读书更好的娱乐，更持久的满足了。"的确，书的世界，是天地间最宽广的游乐场。爱玩的小博恐怕是找到了最好的玩伴——书籍。

读书起到的作用，不仅仅是让小博同学安静下来，在学校的这几年，小博同学的成绩一直是班里非常优秀的。不禁想起之前认识的一位北京市骨干教师，在他的班里，学生的学习比较踏实，上公开课时，表达能力明显优于其他班，学习成绩也明显要优秀一些。

这个班的生源和其他班是一样的，为什么会出现这种情况呢？之后发现，他班里孩子的学习成绩之所以普遍都比较优秀，其实是因为他对孩子有一个特别的要求，那就是阅读。相比很多喜欢让孩子专心于课本、练习册、试卷等文化知识媒介的老师，这位老师提倡让孩子去看一些课外书。

事实证明，孩子在喜欢上阅读课外书之后，对于文化课成绩的提升会有显著的效果，而这种效果并不仅仅局限于语文这一门科目上。

就比如班里的小韩同学,起初不仅语文成绩平平,并且英语成绩也很一般,但是在开始看课外书之后,他的成绩就开始逐渐地提高。这种提高是一种"前慢后快"的状态,前期成绩提速看似不是很明显,但是一旦开始提升,就有一种停不下来的感觉。

阅读,是一把金钥匙,开启智慧的大门。

读"三国"聊"三国"写"三国"

一个阳光明媚的中午,我在学校操场上散步。操场上有的学生在打篮球,有的踢足球,还有的追跑着玩……这时六(4)班的学生小邓冲我跑来,非常严肃地对我说:"周老师,我问您一个问题:三国鼎立局面形成后,为什么刘备方会走向没落?"

看着小邓认真的样子,我想笑,同时也特别兴奋,学生提出的问题太有价值了!"学起于思,思源于疑",小邓不是为读书而读书,而是他真正读懂了这本书,才会有这样的疑问。在操场上我们边走边聊,正像我预料的,小邓告诉我他不仅读了少年版的《三国演义》,也读了成人版的,还读了史实版的《三国志》。这个中午我们聊得很开心,小邓还告诉我他的同学小马对"三国"也很感兴趣,我们约定每周一中午一起聊"三国"。

每周一中午我们三个一起聊"三国"。在聊书中,有问题的,我让他们在回溯文本的过程中自主找到答案,之后,再通过有理有据地分析,找到答案。我们不断将话题引向深入,评价各个人物特点,聊他们成功与失败的原因,我们好像在与文本,与作者进行深度对话,有一种酣畅淋漓之感。通过这样质疑、思考、论证、评价的过程,这两名学生不仅能够进一步理解书籍,更能够为自我表达形成清晰的逻辑。我觉得应该将这种逻辑及时记录下来,促使他们将阅读感悟转化为写作内容,从而实现学生写作素养的全面提升。

在我的引导下,他们各自完成了文章——《论三国之司马家篡位》《论三国时期战役之一——夷陵之战》。

小马写的《论三国之司马家篡位》围绕两个问题论述:第一,为什么是司马家而不是其他家夺取了曹魏的天下?第二,同是篡位,为何普遍认为司马家道德败坏而对曹家无过多批判呢?他一一进行了说明。

小邓写的《论三国时期战役之一——夷陵之战》,首先对两个问题进行探讨:第一,失荆州对蜀汉政权影响;第二,夷陵之战中孙权的作用。其次对刘备夷陵之战失败原因的分析，分为三方面：时机不对、将才匮乏和战术错误。最后谈夷陵之战的影响。

两篇文章参考了多个文献资料，从问题出发，有理有据地说明，让人惊叹！

国外研究者认为："当我们写作时，我们在阅读；当我们阅读时，我们在创编意义。""阅读不是以获取文本信息、体悟情感为终极目的，而是创造性地理解作者所表达的意义，明辨、评价、创造等深层思维活动是实现这种创造的通道。"两名学生在写这两篇文章的时候，多次深入阅读多个文本，将思维不断引向深入，最终实现了阅读与写作的有效结合。

我应该得给他点教训才行

二（4）班有一个叫小溢的小男孩是我的课代表、白净的脸庞，高高的个子，平时做事挺稳重。他7岁，我正在教，他哥12岁，我也教过。

一天，轮到小溢作好书推荐，他推荐《乌龟一家去看海》，末尾谈及对此书的感受，这样说道：这个故事告诉我们成长就在路上，要学会和父母、朋友沟通，一起面对成长中的问题。

他话声刚落，我追问："小溢，你在好书推荐的最后说到要学会和父母、朋友沟通，你觉得你在这方面做得好吗?你可以举和你哥哥相处的例子给大家听。"

"嗯，好。我觉得我做得挺好的。有一回，我把学校庆祝新年后剩下的糖拿回家后，我哥吃了我的糖，我就和他打了一架。"

这分明是个反面教材！同学们呵呵地笑了。

"你觉得这样做好吗？"我憋住笑问。

"我觉得不好，我应该给他点教训才行！"小溢非常认真地说。

同学们哄堂大笑！

我面向全体同学，问："如果是你，你怎样解决？"

一个女生说："我会告诉可可，你要吃糖，先跟我说一声。"

同学们点头。

有个男生说："把糖拿回家后，和哥哥一起分享。"

小溢和其他同学都点点头。

学会和他人相处，书中是这样告诉孩子们的，但具体到实际生活中的问题，还是要具体问题具体分析。孩子的成长，书会教给他们很多，但也少不了老师和家长的教诲。

读书时间

闲暇和学生聊天,你会每天抽空读读书吗?有一部分学生会回答:没有时间啊!我得学钢琴、练钢琴,我还得学舞蹈,画画……

是的,在这个时代,小学生的学习、生活节奏都比较快,很难静下心来读读书。手机、iPad等现代化设备又很容易让他们沉溺其中。可是读书能给我们带来极大的乐趣,能赐予我们力量,丰富我们的人生。不读书是很可惜的,我们失去了与世界上伟大灵魂对话的机会,失去了本可以带给我们的人生启示,还失去了能够给我们工作提供帮助的强大武器。

事实上,不读书的人,理由可以多多;想读书,怎么会没有时间呢?让我们来看看宋朝的大文豪欧阳修的读书时间从哪里来?

欧阳修提出过"三上"读书法。"三上"即马背上、枕头上、厕所座上。出行骑在马背上,闲着也是闲着,可以利用这个时间读书;上床睡觉前,睡不着时,可以躺着读会书;上厕所坐在马桶上,可以利用这点时间读会书。这些时间,闲着也是闲着,完全可以利用起来,通过读书增长点见识。欧阳修利用"三上"读书法,每天熟读三百字,竟将《孝经》《论语》《诗经》等十部书用三年半的时间熟读完毕,七年时间背得滚瓜烂熟。欧阳修告诉我们,可以挖空心思利用时间的"边角料"。

如今,我们的交通工具是地铁、动车、飞机,我们可以放下手机拿起书来读。当放下手机,拿起书的那一刻,这本书就有了生命,我们就与喜欢的作者开始对话了。

孩子们,让我们和书籍天天有个约会吧!

读书是一种享乐

"春日不是读书天,夏日炎炎正好眠;秋有蚊虫冬有雪,收拾书担好过年。"朋友们,从这首小诗中看出这个读书人还没有体会到读书的乐趣,真正体会到读书乐趣的人是不会找借口的。

宋太宗是一位很喜欢读书的皇帝。逢到过冬,大臣看太宗在灯下苦读,就劝道:"白昼时短,国事又那么繁忙,每天读两三卷,不是太辛苦了吗?"太宗说:"对读书,我只感到有好处和乐趣,不觉得有什么辛苦。"

宋太宗想读书,所以日理万机都不觉得累。

评论家和诗人兰德尔·贾雷尔曾经遇到一位学识渊博的学者兼评论家,他说他每年都要读一遍鲁德亚德·吉卜林的小说《基姆》,贾雷尔对此的评论是:这位评论家说他每年都要读一遍《基姆》,他读《基姆》的动机很简单,就是出于兴致;不是为了教育别人,也不是为了批评挑错,只是出于热爱。他读这本书,就跟当初吉卜林写这本书一样,只是因为他喜欢,他想要读,难以克制这份兴致。

读书不需要理由,完全出于快乐和兴趣。

要如何培养读书兴趣?首先,要有需要,才会产生兴趣;其次,要欢喜,因欢喜才会有兴致;最后,要有价值,才会有兴趣。

每个认识字的人只要愿意,都可以从阅读中得到乐趣,读书就会成为一种享乐。

多读书

在世界大家庭中，虽然犹太民族是少数民族，但却是获诺贝尔奖文学家、科学家最多的民族。犹太民族的人口只占世界的0.2%，但在过去的100多年里，他们却获得了近30%的诺贝尔奖。据相关统计，犹太人每人每年读68本书，他们的读书数量一直为读书人津津乐道。

前任美国总统克林顿的读书数量也不少。克林顿和夫人在参观他们即将搬入的官邸白宫时，第一件向外界宣布的事情就是"书架不够"。曾有选民问克林顿，他一年读300本书是否属实？克林顿承认，那是在他1981年第二度参加竞选阿肯色州州长失利后，1982年"赋闲"在家的成绩。

中国读书多的人难以计数，李敖先生在《中国名著精华全集》的代序《要把金针度与人》中提到，古代中国人中读书最多的，当属清代大学者，全世界最大的百科全书《古今图书集成》的编著者陈梦雷。陈梦雷曾说自己"读书五十载""涉猎万余卷"。

读的书数量越多，读书的质量就会越高，读书的速度也会越快。为什么这么说呢？让我们试想一下，读过一本书和读过一千本书，他们读书的质与量能相同吗？书读得越多，再读一本书时付出的辛苦就越少。道理在于书是通过知识来阅读的，你的知识越丰富，对内容的理解也就越快，从而使得你的阅读畅通无阻。例如，读同一本新书，对于读书涉及的背景知识，只了解一成的人和了解五成的人，在对内容的理解和阅读速度上都有很大的差异。

书籍是人类进步的阶梯，让我们多读书吧！

将读书变成一种习惯

读书有捷径，与其自己开江辟路，还不如在既有的道路上，更能早日抵达山顶。然而，如果没有读书习惯，纵然捷径就在旁边，也察觉不到，只能一个人不断地挥汗如雨，披荆斩棘；而在这个过程中，时光易逝，精力和体力用尽，最后不得不放弃。

将读书变成一种习惯，可以培养自己快速读取、理解内容、抓住要点的能力，并将这些能力通过你的谈吐表现出来，如此培养起来的思考能力，一定能成为你学习、工作上的强大武器。那么如何养成读书的习惯呢？

养成借书购书的习惯。借书可以做读书笔记，不可以涂画；购书则可以把自己的思考在空白处记录下来。应保持书源不断，读时有书。

养成自觉读书的习惯。读书习惯的养成，贵在"自觉"二字。当有了时间，就会自觉地读书，阅读习惯自然就形成了。

养成读书动笔的习惯。古云："不动笔墨不读书。"读书能动笔，是读书有收获重要之处。走马观花式的读书，将无法形成喜爱读书，扎实读书的态度，实效性不大。

养成边读边思的习惯。一边读书，一边思考，是保持读书习惯持久的关键之处。读有所思，才会品出读书的乐趣，读书的益处。当读书有了兴趣，经常性的读书才会成为自觉的行动。

养成读以致用的习惯。在口头表达中运用；在写作中运用；在生活中运用。

将读书变成一种习惯，把读书融入日常作息中。读书多少为好，其衡量标准，可以把一周读完一本书定为目标哦！不管读什么书，先读起来吧！

读书即"养眼"

著名主持人王刚先生在某节目中曾真诚地说:"玩古玩的需要'养眼'。"

是的,我们的眼睛最值钱,逛博物院、古董市场,是对眼睛的一种学习。读书何尝不是如此呢?当你读一本对热爱的工作、对自己精神成长有帮助的书,是否也是一种"养眼"呢?

小学生的精神成长有赖于读第一流的书。读第一流的书,就是仰望星空,接近最高处,尽管这些书读起来可能需要费点劲,但它是阅读最重要的快乐所在。每当攻克一本有难度的书,再回过头来看同类型的书,会有一种轻松的感觉。

读书是一种精神进食,它让人们找到了生命的快感,这也是一种"养眼"吧?

人文社科类的书看,自然科学读物也看;论说性的书籍看,虚构类的文学作品也看;有用的书看,有趣的书也看,做一个"不挑食"的阅读者,让自己独具慧眼。

床头书

　　凡是好读书的人,床头上多摆有"床头书"。小学生怎么选择床头书呢?不要选长篇的,容易失眠。最好选择比较难懂一些的,看起来费神,看过就睡着了。比如选看智慧语录或富含哲理的书籍,看过之后,在睡梦中加以思考、回味,可以增长知识,开阔思想。

　　看到智慧语录或富含哲理的句子我们最好随手记下自己的想法。诗人查尔斯·西米克说:"无论何时,无论何地,当我读书时,我必须手里拿着铅笔,不是钢笔,最好是铅笔头,这样我就可以更接近这些文字,划出那些措辞巧妙的句子,或精彩或愚蠢的思想,有趣的词语以及一些信息,还有在书页空白处写下简短或详尽的评论,在段落旁边打上问号,检查记号或者其他一些只有我,有时候连我也辨认不出,以后能辨认出来的记号。"

　　人生最有害的词汇是"明天",他们常说:"明天开始减肥和运动。"明天开始"读书"等。谁也未看到过明天,在我们身上的只有今天。好吧,就在今天,就在床头,放本书,读起来吧!

读书，这么好的事

2022年9月，我接手二年级的班，"十一"放假前一天，我对学生说："我们对这七天做个规划，规划中最好每天都有读书，有上图书馆和书店。"

过节了，在家长的朋友圈中，我看到了家长给孩子装了书架，看到孩子正在认真地看书，看到家长随着孩子的规划走：上图书馆。

林语堂先生说，读书或书籍的享受，素来被视为有修养的生活上的一种雅事，而在一些不大有机会享受这种权利的人们看来，这是一种值得尊重和妒忌的事。那个没有养成读书习惯的人，以时间和空间而言，是受着他眼前的世界所禁锢的。他的生活是机械化的，刻板的；他只跟几个朋友和相识者接触谈话，他只看见他周遭所发生的事情。他在这个监狱里是逃不出去的。

可是当他拿起一本书的时候，他立刻走进一个不同的世界，他会立刻接触到世界上一个最健谈的人来引导他前进，让他不再受到眼前环境的局限，跳出来，领略境界的高远和胸襟的开阔。

读书，这么好的事！希望孩子们有兴趣读书，养成读书的习惯，更希望小手拉大手，大家一起读，全民悦读！

读书如饮食

英国文艺复兴时期剧作家、诗人莎士比亚说过:"书籍是全世界的营养品。"清朝诗人、美食家袁枚写道:"读书如吃饭,善吃者长精神,不善吃者生痰瘤。"

看来读书和饮食还是有密切联系的。台湾学者郝明义在《越读者》中将书比喻为食物。他把书籍分为以下四类。

第一类书如同主食,包括职业、生活、生理、心理等方面的现实问题及其解决之道。通俗地说,就是与我们学习、生活、工作息息相关的书,通过读这些书,可以帮助我们解决各种生存难题。

第二类书如同美食,不针对人生的现实问题,却可以满足人们的思想需求。通过阅读这些书,可以满足我们的精神追求,得到思想上的满足。

第三类书如同蔬菜、水果,可以帮助我们更好地工作、生活和学习,即通常意义上的工具书。

第四类书如同甜点、零食,用于娱乐、消遣,满足我们的休闲需求。主要包括休闲杂志、通俗小说、网络小说等。读这些书,主要是为了打发无聊的时间,追求身心的愉悦。

每个人一生中都会接触到这四类书,而且在人生的不同阶段,这四类"精神食粮"的划分标准也不尽相同。

上小学前,我们主要阅读一些读图识字类的书籍,以开蒙为主,也就是读绘本比较多。学生通过读这些书,不仅可以认识汉字,而且还能了解一些生活常识和社会知识。

小学到中学时期,学生们的"主食"是通用的教科书,还有各种与教科书配套的教辅资料,再加上一些有助于"消化吸收"课本知识的工具书。至于其他类的书籍,如科学、哲学、文学、艺术、历史等方面的"美食",只能偶尔品尝一下。对于小说之类的"甜点",则只能乘老师和家长不注意,自己偶尔偷食。

上大学后，因为有了专业，"主食"变得更加精细。其他"美食""甜点""蔬菜""水果"等也可以堂而皇之地去摄取，所以读书量会增加很多，但也要注意把握分寸，不能引起消化不良。

参加工作后，没有了那么多的限制，"主食"多为有助于提高职业技能和改善生活品质的书，其他书籍根据需要自行阅读。

这四类书籍都与生活息息相关，我们应该如何选择呢？一般来说，可以参考以下几个标准。

1. "主食"摄入要按时、足量

从食物和营养的角度来说，主食是生存的必需品，阅读"主食"也应该按时、足量。吃主食，要选择新鲜、具饱足感的东西来吃。过期的"主食"千万别吃，吃多了会闹肚子，消化不良。食物之中主食的种类繁多，南方和东北偏重大米，北方和西部多吃面食。即使用同样的食材，不同的人也可以做出不同的花样。阅读的"主食"也有许多种选择，选择自己熟悉、了解、习惯的领域固然重要，但也可以尝试挑选一些其他领域的书籍来读。

2. "美食"可以经常享用

现实生活中，家常菜吃久了，我们也会选择去吃一顿大餐犒劳犒劳自己。阅读也是如此，只吃主食难免会单调，享受精神"美食"，则有助于提高生活品质。一些哲学、文学、历史、艺术等方面的书籍，对于大多数人来说，并不是"主食"。但经常享用这样的"美食"，可以帮助我们从另一个角度去思考问题。这些书虽然不会教给我们生存的技能，却可以让我们学会更好地生活。享用"美食"并不强调饱足感，不重"量"而重"质"，需要有特色且精致。一个人如果有自己钟爱的精神"美食"，并且能够做到经常享用，那他一定是一个幸福的人。选择美食可以听别人介绍。读书也一样，可以根据名家的推荐，或其他读者的介绍来选择。生活中，我们应该尽量多阅读一些"美食"书籍，而不是吃一些无营养的"零食"来填满自己的思想。

3. "果蔬"类工具书要善于使用

食用果蔬有助于消化。使用工具书，有利于理解更加艰深的书籍。说到工具书，我们脑海里可能就是一些字典、词典，毫无疑问，这些书是最基础的工具书。当然还有其他类的工具书，比如教我们学习、书法、游戏、阅读等专业技能的工具书。这些工具书不仅可以帮我们查找以前不认识、不熟悉、不了解的字词、概念、数据等信息，还可以帮助我们学习和掌握一些专业的知识、方法、技能和技巧。

4."甜点、零食"要适当加以控制

甜点和零食不是正餐，吃多了不易消化，而且因为其含有过多的热量，且缺乏营养，也不利于身心健康，所以，对于那些网络小说和娱乐性图书，可以偶尔阅读，切不可过度沉溺于其中，不能自拔。

《越读者》一书，很好地填补了人们在阅读技巧方面存在的认知空白。本书将"阅读"比作日常生活饮食，分为"主食阅读""美食阅读""蔬果阅读""甜食阅读"，深入浅出地分析不同的阅读方法的意义、主旨和方法，让人逐渐学会阅读、爱上阅读，并且做到不偏食、不挑食、营养均衡。

阅读，是与自己内心的对话。我们常常能够在读书的时候，与书中人、书中事产生某些共鸣。我们需要那种寻找到知音的默契，那种与自己心灵的深度对话，那种心灵被叫醒的顿悟……真是读书如饮食，醲肥辛甘，皆是人生真味。

让孩子读适合的书籍

我的学生小王语文学习能力偏下,特别是上课听讲不专注,下午放学送出校门后,我与他的妈妈首次见面聊了聊。

小王妈妈很疼爱孩子,给孩子报了很多兴趣班,特别是她也很重视孩子阅读书籍,比如在小王2—3岁时家长就教他背《陋室铭》《岳阳楼记》等作品。

按理说如此重视阅读,孩子无论在记忆力、表达力和专注力上都应该很强,但小王在这些方面恰恰却是全班比较差的。

孩子的智力发展是有规律的,不同年龄都有适合孩子读的书籍,但也不乏个别儿童读书的范围更广。

对于二年级学生可以读绘本,可以读桥梁书(介于图画书和纯文字书之间的一种图书类型),还有的是纯文字书,种类也比较多,供孩子选择的余地也很大,家长们不妨都让学生看一看,适合的就是最好的。

你在为谁而"玩"?

一群孩子在一位老人家门前嬉闹,叫声连天。几天过去后,老人难以忍受,辗转反侧间,他终于想到了一个好办法。于是,第二天,他出来给了每个孩子25美分,对他们说:"你们让这儿变得很热闹,我觉得自己年轻了不少,这点钱表示谢意。"孩子们很高兴,第二天仍然来了,一如既往地嬉闹。老人再出来,给了每个孩子15美分。他解释说,自己没有收入,只能少给一些。15美分也还可以吧,孩子仍然兴高采烈地走了。第三天,老人只给了每个孩子5美分。

孩子们勃然大怒:"一天才5美分,知不知道我们多辛苦!"他们向老人发誓,他们再也不会为他玩了!这个故事可以从心理学角度来解读。从心理学上来讲,人的动机分两种:内部动机和外部动机。

内部动机与活动本身有关,由于做某种事能激发人的兴趣,令人愉快,因此参与活动本身就是行动者所追求的目的。在故事里,小朋友最开始嬉闹玩耍,叫声连天,就是出于内部动机。

外部动机,指那种不是由活动本身引起,而是由与活动没有内在联系的外部刺激或原因诱发出来的动机。在故事里,小朋友最后为老人给的钱而玩,就是出于外部动机。

在这个故事中,老人的算计很简单,他将孩子们的内部动机"为自己快乐而玩"变成了外部动机"为得到钱而玩",而他操纵着钱这个外部因素,所以也操纵了孩子们的行为。

对于儿童读书来说,如果不加引导,读书都是三分钟热度,无法长期坚持下去。由于读书缺乏即时反馈,读着读着可能就放弃了。

我们很多老师,特别是一、二年级老师,为了引导学生读书,采用读书打卡的形式,比如雪儿老师,整个暑假让学生读书打卡,每天上传读书视频,到了五年级、六年级,学生两周读完《简爱》,两周读完巴金先生的《家》。那采用"读书记录表"和读书打卡的目的是一样的,一开始都是外部动机,一旦学生养成习惯,就会变为内部动机,学生会主动选择书籍,主动阅读书籍,以后就算想停,也停不下来。

读书
——请走出"舒适区"

早上、中午,我都看到小李正如饥似渴地在读一本书。我走近细看,孩子读的书籍是当下流行的网络小说,内容属于玄幻,情节还不错,只是文笔一般。

余秋雨先生在《读书的5个秘诀》中建议要读一些读起来需要费点劲、出点汗的书,要读第一流的书。读第一流的书,就是仰望星空,接近最高处,尽管这些书读起来可能需要费点劲,但它是阅读最重要的快乐所在。

如果一味只看那些一看就懂的书,获取感官愉悦,则无论读多少书,也是低水平的重复,很难有知识水平的进步提高。就像骑自行车下坡滑行,非常轻松,就算不踩踏板,车子也跑得很快;就像几乎不用任何咀嚼就可以吃到饱,读者的牙齿便衰弱了,肠胃也不够健壮。你吃粥总有吃腻的一天,到时你又不习惯吃有嚼劲的食物,就会陷入两难的境地。

金克木先生说,"正合吾意"的书愈多读,愈无进步,愈容易流入偏狭;远不如多读几部"不合吾意"的书。但这样读书也有两个先决条件:第一是要能批判地读书,有自己存在,不为书所囿;第二是有所为而读书,不要视同看看小说之类的消遣。

阅读非舒适区的书籍需要用分辨力、洞察力、想象力才能解释。是书籍的第二次创造者,阅读当中具有可以产生新思维的喜悦感。攻克一本有难度的书后,再回过头来看同类型的书,会有一种轻松的感觉。

小学生一天的时间是有限的,每天除了上课还要复习、预习功课,如果把一天中有限的读书时间用到读好书上来,长期积累,定有很大的收获。

手端银碗讨饭吃

有三位父亲经常到庙里为儿子祈福,天长日久感动了菩萨。有一天他们同时被菩萨请去,允许他们从众多的宝物中每人挑一样,回去送给儿子。第一位父亲挑了一只镶嵌着宝石的银碗,第二位父亲挑了一辆包满黄金的马车,第三位父亲挑了一副铁铸的弓箭。得了银碗的儿子每天热衷于吃喝,得了金马车的儿子喜欢在街市上招摇,得了弓箭的儿子整天在山野间狩猎。多年后,三位父亲去世,爱吃喝的儿子坐吃山空,把碗上的宝石抠下来变卖完,最后不得不手端银碗讨饭吃;爱招摇的儿子失去了招摇的资本,每天从金马车上剥一小片金子,换点粮食辛苦度日;会打猎的儿子练就了一身狩猎好功夫,经常扛着猎物回来,一家人有酒有肉有吃有穿。

这个朴素的民间故事其寓意是深刻的,物质性财富能够满足一时,但长久的是生产性财富。在当下,我们送给孩子什么宝物是生产性财富呢?

第一个提出"知识就是力量"的英国著名思想家、哲学家、科学家弗兰西斯·培根在《培根随笔》中写道:"读史使人明智,读诗使人灵秀,数学使人周密,科学使人深刻,伦理学使人庄重,逻辑修辞之学使人善辩:凡有所学,皆成性格。"

当家长愁于讲道理孩子不听时,书中的内容会告诉孩子应该有怎样的思想、价值观。借助书籍,任何一个普通的人都会慢慢获得清晰的思考能力、敏锐的洞察力,更少陷入盲从和愚蠢。阅读能让人看见世界,看见他人,也能让人从外到内看见自己。当一个人能看见自己时,就会自动进入修复程序,变得有力量。

当老师苦于学业质量提高不上去时,通过让学生广泛的阅读,学生的语言文字能力得以提高,同时还会拥有丰富的知识面,逻辑思维能力和智力水平都会相应提高,这些都有助于提高学习成绩。读书的回报不是立竿见影,如果一个孩子爱阅读,他的学业优势会随着功课难度增加而越来越明显。

引导小学生好读书、读好书,为其成长蓄力,这就是家长和老师给孩子们的生产性财富吧?

阅读，开启孩子智慧之路的起点

中国知名哲学家周国平先生在接受北京景山学校《通讯》小记者采访时说："我觉得我学生时代最大的优点就是爱读课外书，我后来的全部所谓成就都是从这个优点发展起来的。"

硅谷钢铁侠埃隆·马斯克是神话般的人物，他的壮丽人生可以说也是以阅读作为起点的。他童年所在的比勒内斯堡是南非东北的小城市，藏书量有限，以他的阅读速度，他小学阶段几乎读完了图书馆的书。马斯克跟家人一起去购物，经常发现他中途不见了，他妈妈说，一定能在附近的书店找到他。

9岁的时候，马斯克就开始看《大英百科全书》。他还有过目不忘的本领，只要看过的内容就能熟记于心。他的童年玩伴曾经提到过，马斯克小时候能随口说出月亮到地球的距离，把其他孩子都吓坏了。当马斯克决定造火箭时，他跑进图书馆，找了一大堆发黄的旧书，研究航天工业及背后的物理原理，详细列明了建造、装配和发射一枚火箭需要的成本。火箭研发中需要攻克很多知识的难关，他都通过读书做到了。

在小学生活中，孩子每天的时间怎样分配，也是智慧。如果单纯为提高成绩参加提高班，成绩的提高并不长远。叶圣陶先生说："课文无非是个例子。"课文中没有涉猎到的思想内涵、思维方式、语言表达、知识等，都能在课外书中读到。

小学生合理安排阅读时间，养成读书习惯，就是走在了智慧之路上。

打开学校大门

邀请作家或者图书作者到学校来交流，对于学生来说，能够与他们面对面地交流是非常令人激动的事。听听一本书写作的故事，了解作家的写作心得，这些会带给学生阅读的亲切感，而且有助于他们对书的理解，有利于他们自己拿起笔来创作。

故宫作为中华民族传统文化的象征，拥有着神秘色彩，对于儿童来说，怎么更形象地理解和感知故宫文化呢?学校邀请冰心儿童文学奖获得者、新生代作家常怡老师为五年级学生分享了《故宫里的大怪兽》，她以儿童化的表达形象诠释了不一样的故宫故事，为学生们以与众不同的方式走进故宫，探索故宫文化提供了一次机会。

"人们眼中冷冰冰的石狮和铜兽背后有着各自的故事，它们是有血有肉的神兽，有着不同的地位，也承载着不同的意义与职责。"在常怡老师眼中，故宫是一座文化资源宝库，从孩童时期起，她就为那些故宫里怪兽和它们的故事所着迷。她结合自己的兴趣和研究与同学们交流了故宫里大怪兽的诸多故事。

常怡老师还以故事的形式讲述了每一位怪兽的形态、渊源、在故宫的位置、地位，让学生了解自己身边那些神奇并传承千年的怪兽们。也希望当学生们提起怪兽的时候，不再只是想起那些国外电影里的怪兽，也能想起自己身边这些好玩的怪兽们。

随着常老师的讲述，学生们积极互动，深深地被故宫里的大怪兽吸引着。在常怡老师的引导下，学生们获得了一次愉悦的阅读体验。

为提升学校阅读氛围，帮助学生提高作文水平，掌握阅读技巧，学校还邀请知名儿童作家、北京师范大学张国龙教授为全体师生带来了一场讲座：《提高创意写作能力的必备技能》。

张教授，有着丰富的一线教学经验。他的指导为学生搭建了深层次理解作品创作和脉络的机会，也为学生搭建了创意写作的桥梁。

活动中，张教授结合具体案例，与学生分享了《提供创意写作能力的必备技能》，他引导学生在思考中逐渐走进了作文写作的具体情境。针对"如何写作文"的具体问题，张教授提出要抓住几个重点：一要说出心里话，不能胡编乱造；二是要写有意思的人或事件；三是能让人感动。他用具体示例作引导，组织学生们开展了即兴创作活动，并告诉同学们，写作文，要说出自己的想法、体现思想情感、有逻辑、有角度、有想象，概括总结为写别人写不了的和写别人写不好的。分享活动为同学们打开了一扇创意写作的思维之门。

打开学校的大门，两次作家进校园活动提高了学生的阅读兴趣，在课间休息时，经常看到三一群、俩一伙的同学正在谈论《故宫里的大怪兽》的情节呢！他们时而高谈阔论，时而争论不休，时而哈哈大笑。同时活动又让学生对"写作"多了一种别样的感受与体验。我们正以孩子喜欢的方式"打开围墙"。

读书记录表

每个孩子一出生，在家里度过的时间占三分之二，从他出生的第一时间起，家庭教育就在无形中产生了。在孩子课外阅读习惯的培养上，家长同样占据不可替代的地位。父母送给孩子最好的礼物，就是一个藏满图书的书架。我建议家长专为孩子设立书架，营造家庭阅读的氛围。

对低年级学生来说，故事是他们最喜爱的一种阅读内容。老师和家长可精选一些生动有趣的故事内容，经过绘声绘色的讲述，增强故事效果。这样，学生可以被扣人心弦的故事情节吸引，主动去阅读。

孩子阅读习惯的形成并非一朝一夕，通过记录读书表的使用，在孩子没有形成完全自律、自我管理能力的前提下，让他们通过填写表格这个过程逐渐养成良好的阅读习惯。定期填写，定时奖励，能够鼓励孩子不断努力。下面这张图片是一位二年级学生做的阅读记录。

孩子有了阅读兴趣，又有了喜爱的书读，每天坚持记录，习惯就这样一点一点养成。

好书推荐人

市场上的书纷繁多样，小学生选择读什么书呢？什么书才是他们感兴趣的？什么书才适合他们读？各学段都适合读什么书？老师、家长推荐的也许走不进学生的内心，那学生给学生推荐的是不是他们更为喜欢呢？我试着让学生做好书推荐人，这个活动深受学生喜欢。做法是：

（一）征求学生意见，是否愿意做好书推荐人。

（二）每次派3个学生推荐书籍。

（三）推荐人给学生介绍书籍的内容是：

1. 书籍题目、推荐人

2. 推荐版本

3. 作者简介

4. 目录简介

5. 主要内容

6. 主人公简介

7. 精彩片段

8. 名人对这本书的评价

9. 自己的体会

展示时间．3—5分钟。

无论低年级学生还是高年级学生，对这项活动兴趣颇高。课上，参与展示的学生把内容几乎都做成PPT，在课上娓娓道来，而不参与展示的学生则瞪大眼睛，专注地看、听，结束时报以掌声。更令人欣喜的是他们会在课下互相传阅或购买推荐书籍，自主读书，书成了他们课下互相交流的媒介。

好书推荐人，是传播者，能让学生的阅读插上翅膀。

人生识字忧患始

北宋著名诗人苏东坡说:"人生识字忧患始。"意思是说一个人从书中增长了见识,对周围事物就不会无动于衷。读书是一个唤醒自己的过程,沉睡的东西,慢慢地被唤醒,达到自我发现,这就是读书最可贵的地方。

我们学校王老师班上的学生小李非常调皮,课上不听讲,课下总惹事,达到了必须天天请家长的地步。当学校提倡读书,教师把读书这件事重视起来后,小李同学也拿起了课外书。他读书真的入了迷,只要一有空就读书,已经到了手不释卷的地步,惹事?没那闲工夫!

小李同学大概是被书唤醒了!

很喜欢杨绛先生在《读书苦乐》中写到的:我觉得读书好比串门儿——隐身的串门儿。要参见钦佩的老师,或者拜谒有名的学者,不必事前打招呼求见,也不怕搅扰主人。

"翻开书面,就闯进大门;翻过几页,就登堂入室;而且可以经常去,时刻去。如果不得要领,可以不辞而别;或者另找高明,和他对质。"

"不问我们要拜见的主人,住在国内还是国外;不问他属于现代还是古代,不问他什么专业;不问他讲正经大道理,或聊天说笑,都可以挨近前去,听个足够。"

读书,是多么随意的事,是多么自由的事,和那么多大家对话门槛又是那么低,杨绛先生这比喻妙不可言。

经常有二、三年级家长说:老师,以前我让孩子读书她特别不爱读,都是我读她听。自从您开始让孩子坚持做21天阅读记录表后,孩子天天主动读,如果头一天没时间读,第二天还补上。

一开始学生还是被动地读,只是为完成任务读。一旦习惯养成,就会变被动为主动。

作家毛姆说:"阅读,是一座随身携带的避难所。书,将永远是我人生旅途中的灵魂伴侣!"

对于儿童,阅读中的"避难所","灵魂伴侣",他们还体会不到,但书像一艘船,带领他们驰向广阔的海洋。

培养终身的阅读者

上语文课时，大多数小学教师主要是围绕生字词的学习、课文朗读、课后题的完成，还有必要的字词句段篇的训练来完成教学任务。但当孩子从课堂中走出来后会不会主动地找一本书去阅读？当孩子困惑、迷茫时，会不会从书中寻找解惑的"钥匙"或心灵的"避难所"？我们很难给出肯定的答案。事实上，绝大多数孩子还没有养成"好读书，读好书"的习惯，还没有将阅读视作生活中必不可少的部分。

脑神经学家告诉我们：人的大脑并非为阅读而生，把原生态大脑改造成阅读脑需要长达十余年循序渐进的努力，才能完成。

10岁前后正是儿童阅读的"关键期"。国际阅读素养项目就是将9～10岁的儿童作为阅读素养的研究对象。他们认为，这个年龄段是孩子阅读发展的至关重要的转折点。如果在这个年龄段，孩子能学会如何阅读，并懂得为了学习而阅读，那么他们的阅读习惯就会扎根，变成终身的行为。一旦错过这个阶段，就会陷入阅读的"消退期"，以前积累的阅读兴趣也会前功尽弃。

所以让孩子刚刚入学就喜欢上阅读，将阅读作为习惯，以下做法比较重要：

首先是兴趣。兴趣是开启阅读的大门。快乐和自主是激发孩子阅读兴趣的关键。在阅读的启蒙阶段，在保证书籍是"健康"的基础上，"孩子喜欢读什么就让阅读什么"，让他们在阅读中享受乐趣，并慢慢爱上阅读。

其次是阅读量。提高阅读速度和理解能力没有捷径，只有靠大量的阅读。《义务教育语文课程标准（2022年版）》（以下简称"课标"）在"课程设计思路"部分明确要求"语文课程应注重引导学生多读书、多积累，重视语言文字运用的实践，在实践中领悟文化内涵和语文应用规律"。"课程目标与内容"规定了不同学段课外阅读的数量，如下表所示。

"义教课标"对课外阅读量的规定

学段	数量规定
第一学段	课外阅读总量不少于5万字
第二学段	课外阅读总量不少于40万字
第三学段	课外阅读总量不少于100万字
第四学段	课外阅读总量不少于260万字，每学年阅读两三部名著

《义务教育语文课程标准（2022年版）》中对阅读量的目标是最基本的。学生很容易达到这个目标。我在二年级一个班里组织的"21天阅读活动"中，读的比较多的学生累计阅读是35200字，每天阅读时间在30～59分钟之间。（见下图）学生在海量的阅读中才能培养持续性和连贯性，日积月累的阅读过程，也是培养他们的专注力和耐心的过程。

二年级学生读书21天记录卡

最后是阅读方法。阅读方法是理解读物内容，从中接受信息所采用的手段或途径。我国传统的阅读方法，我们首先想到的就是朱子的六条读书法。从一部《朱子读书法》我们已经可以看到，我国古代先贤已经总结出很成熟的"精读"和"泛读"的阅读方法，不仅有具体的操作方法，也有深入的学理思考。对小学阶段部编版教参书上的阅读方法进行汇编，可以了解对低、中、高各学段阅读方法的内容和要求，如下表。

统编版教参书阅读方法汇编（简版）

学段	阅读方法			
第一学段	无			
第二学段	提出问题 批注 对比阅读 拓展阅读	想象	默读 精读 略读 把握文章主要内容	朗读 联系上下文了解词句的意思
第三学段	浏览 推想 学写读书笔记 有目的地阅读 提高阅读速度			

一旦孩子喜欢上了阅读，各种方法或许就可以慢慢消失，退出"舞台"了。他们不再需要外界和他人的方法去推动、引导和鼓励。真正有效的方法，是他们在自己读书的探索中反省出来的。

一个阅读者终身阅读习惯和能力的养成要经历三个阶段：第一个阶段是从小时候激发兴趣，鼓励孩子大量阅读，孩子喜欢什么就让他阅读什么。到第二个阶段是教师和家长给予学生方法上的有效指导，让学生从兴趣走向习惯，真正学会阅读。第三个阶段是阅读变得自由化和个性化，可以完全凭个人爱好和需求进行阅读。

一个人的精神发育史就是他的阅读史

朱永新先生对于"阅读的重要性"的论述可谓家喻户晓：一个人的精神发育史就是他的阅读史，一个民族的精神境界取决于这个民族的阅读水平。朱永新先生将阅读提升到国家、民族层面是有道理的，一个国家、一个民族的阅读决定了精神力量，而精神力量对于一个国家软实力与核心竞争力起着关键作用。

阅读，对于个体成长也起着至关重要的作用。

2018年的一项学习研究表明：阅读不仅能丰富认知，还能塑造大脑。在该项研究中，研究人员利用功能性磁共振成像对学习中的受测对象进行观测，发现在阅读能力测试中表现越好的受测者，其大脑各区域的互动也越活跃。

芬兰于韦斯屈莱大学心理学系博士奥诺拉（Aunola）就发现，阅读时更注重技巧的孩子，在理解、解决数学问题时能力更强。

语文高考改革，家长、老师们都非常重视，我们从中可以看到这样的变化：首先是阅读量大幅度增加，以前卷面阅读总量大约7000字，现在是9000字；其次，涉及内容更加广泛，包含哲学、历史、科技等方面；类型也更为丰富，包含科技说明文、记叙文、篇幅较长的文言文（例如《史记》中的人物传记）、古典诗词等实用类和文学类文本。

当下，多数科目改革中涉及的阅读要求都在逐步提高。2016年教育部提出"学生发展核心素养"，指向的是学生面对真实的生活场景，用所学习的知识解决真实问题的能力。由此，考试的命题也随之发生变革，源于生活的真实场景常常融入复杂的题干里，要求学生在有限的时间内阅读题目，提炼关键的信息，然后才能正确解题。

阅读，对于提高国家的育人质量、对于学生成长都起着非常重要的作用，特别是小学生阅读习惯的养成，我们要重视起来，找准着力点，有意识、有方法、有步骤地逐步推进。

阅读点燃梦想

早晨，我们不是被闹铃叫醒，而是被梦想叫醒。梦想何其宝贵，阅读和梦想结合的时候，发生了激动的拥抱，从此我们对人生有了不同的想象、期待及规划。

2021年7月20日，杰夫·贝索斯、他的弟弟马克·贝索斯（Mark Bezos）、已入耄耋之年的女性航天先驱沃利·冯克（Wally Funk），以及年仅18岁的物理系学生奥利弗·戴蒙（Oliver Daemen）搭乘私营航天公司蓝色起源的新谢泼德号火箭，越过海拔100千米高度的"卡门线"，首次进入"真正"的太空。

贝索斯大学读的是电脑科学，毕业后进金融业做财务分析，然后成为Online书店的先驱，这些都是大家耳熟能详的，但是，他怎么会对太空探索有了兴趣？什么时候开始的？

贝索斯高中时候，阅读了不少科幻和太空相关的书籍，曾经以一篇名为《零重力对家蝇老化速率之影响》的论文，赢得NASA的学生论文奖。当时18岁的贝索斯住在迈阿密，他受邀去参观过太空飞行控制中心回来后，接受一家报纸访问，说他将来的梦想是，在太空中建立太空饭店、主题乐园，以及太空轨道的游艇。

读书是通往梦想的一个途径。

英国伟大的物理学家、数学家、天文学家牛顿就非常热爱读书。小时候牛顿因家庭变故曾被迫休学经商。离开心爱的校园，对一个勤奋好学的孩子来说是多么残酷的事情。为此，牛顿特别伤心。为了读书，他在半路的一个篱笆下坚持顽强自学，虽然艰苦，但知识的力量却让他感到其乐无穷。后来终于在舅舅的帮助下如愿以偿地复学了，成就了历史上一个伟大的科学家。

相信大家对居里夫人并不陌生，她凭着对知识的不懈追求，终于成为"镭的母亲"。她小时候沉醉读书，上中学时，只要一有时间，她就坐在小板凳上伏案读书。姐妹们看她专心致志的样子，觉得很好笑，又想测测她读书时是否专心，便出了一个主意：在她身后把几张椅子垒成一小座塔，她只要一不定心，动下身子，塔轰然倒塌，房间里必定凌乱不堪。准备完后，大伙都捂着嘴巴偷笑着走开了。时间一分一秒地过去了，小玛丽（居里夫人）一直在一动不动地看书，等她把书逐字逐句地研究完了才起身离开。"轰隆"一声，把玛丽吓了一跳，回头瞥见伙伴们的坏笑和那堆椅子，也不说什么，若无其事地去另一个房间学习了。凭着她从小养成的顽强的毅力、良好的自制力以及极强的求知欲，终于取得了举世瞩目的成就。

我们的周恩来总理年轻时曾立下誓言：为中华之崛起而读书。他发奋苦读，为中华人民共和国的成立和国家的富强贡献了自己毕生的精力。

我们的国家同经济发达国家相比还有很大的差距。科技进步需要读书，社会发展需要读书，国家富强需要读书。"三更灯火五更鸡，正是男儿读书时。黑发不知勤学早，白首方悔读书迟。"小学生求知欲强，有时间、有精力读书，茫茫书海等着孩子们去探索和发现。

读书，点燃梦想！读书，成就梦想！

阅读是吸收，写作是倾吐

叶圣陶先生曾说过："阅读是吸收，写作是倾吐。"所以，阅读对写作有着最基础的作用，通过阅读，积累素材，培养感情，学习其中的技巧。写作运用了阅读中积累的能力，同时写作反过来使阅读更具有选择性和思考性。相互促进，相互提升。

课外阅读书目《爱的教育》这本书讲的是一个四年级小学生在一个学年十个月中所记的日记，里面包含了对父母的爱，对姐妹的爱，对同学的爱，以及对祖国的爱等。在校本阅读最后一节课的结尾，我布置的任务是："我给××写封信"，目的是让孩子把书和现实联系起来，把爱传递。以下是两位2015级的六年级学生所写的信。

亲爱的爸爸妈妈：

最近，我读了《爱的教育》这本书，这本书的作者是埃德蒙多·德·亚米契斯。他是意大利人，15岁时进入军事学院，后来成为一名军官，还参加了一些战争。退役后他成为一名记者，也是一名儿童文学作家，创作了许多文学作品。

亚米契斯在1806年出版了《爱的教育》。这是一部日记形式的小说，主人公恩利科用日记的方式记录了自己一年的学习与生活。书中的每篇日记都令我记忆深刻，其中让我最有感触的就是"少年侦探"这个故事了。

1859年，法意联军为救伦巴第与奥地利爆发了战争。少年侦探——这个伦巴第小孩为给意大利军侦察敌情，爬上树观察远方，发现了敌人，可他却被敌人射中身亡。这个少年侦探是那么勇敢，他热爱自己的国家，不怕困难，不怕疼痛，不怕死亡。我想到爸爸是一名警察，在我的记忆里，您总是那么忙，没有陪我的时间。您总是答应陪我去公园、去博物馆、去旅游，却总因为单位有事而不能实现。我哭过，怨过。妈妈，您却总跟我说没有大家哪有小家，让我长大后要像爸爸那样为国家和社会做贡献。现在我长大了，我想，我真的明白了。我们每一个人都应该爱自己的国家,在国家需要的时候,毫不犹豫地挺身而出。司马迁曾经说过:"人固有一死,或重于泰山,或轻于鸿毛。"生长在和平年代,我会努力学习,长大后为祖国贡献自己的力量。我会像那个少年侦探一样,在祖国需要的时候挺身而出,不怕流血牺牲,真正成为一个善良、爱国、勇敢的人。

您的儿子:小康
2020年10月25日

亲爱的爸爸妈妈:

您们好!

每天,您们辛苦工作,为咱们家的幸福生活而忙碌。每天回到家,您们都以笑脸对我,可是我心里明白,您们辛苦工作一天,真的很累,心中也有烦恼,只能埋在心里,自己去承担、自己去忍受。为了我的成长,您们付出了许多努力与辛劳。我要在此感谢您们,我不会辜负您们的期望。

我一定会把您们点点滴滴的关爱汇成涌泉,在不远的将来会持久地涓涓流进您们的心田!

小张
2020年10月26日

《爱的教育》这本书使学生对爱的理解更深了,他们体会爱、表达爱,把爱传递给家人和社会,这就达到了读书的目的。

苏联著名作家高尔基的《童年》主要讲了小主人公阿廖沙在父亲去世后,随母亲寄住在外祖父家中度过岁月。其间,他得到外祖母的疼爱、呵护,受到外祖母所讲述的优美童话的熏陶,同时也亲眼目睹两个舅舅为争夺家产争吵打架以及在生活琐事中所表现出来的自私、贪婪。这种现实生活中存在的善与恶、爱与恨在他幼小的心灵上留下了深刻的印象。阿廖沙就是在这种"令人窒息的,充满可怕的景象的狭小天地里"度过了自己的童年。

《童年》中外祖母的形象是俄罗斯文学中最光辉、最有人性的艺术形象之一。她善良、乐观,心里充满了无私的爱。她为人善良公正,热爱生活,相信善总会战胜恶。她信仰的上帝是与人为善的。她知道很多优美的民间故事,常常讲给阿廖沙听,她无私的爱丰富了阿廖沙的心灵,因此我为学生出的题目是:

我最喜欢的人物——《童年》里的外祖母。以下是两位学生所写的文章。

我最喜欢的人物——《童年》里的外祖母

我喜欢文中的外祖母，她有讲不完的故事；她多么爱阿廖沙，每天给他讲故事，在阿廖沙遭外祖父的打骂时去保护他；她多么爱她的子女，即使是米哈伊尔和雅科夫这两个大坏蛋。

她那么善良，面对外祖父毫无人情的打骂，她一忍再忍；在无数个日日夜夜中，她为家庭和谐做出自己的牺牲；可在为别人付出时，自己却受到伤害。

外祖母的善良和忍辱负重让我印象深刻，体会到一种人间的深沉的爱。

小史同学

我最喜欢的人物——《童年》里的外祖母

在《童年》这本书中，我最喜欢的人物是外祖母——阿库林娜·伊凡诺夫娜。

我觉得外祖母是个能吞下苦水的人。无论是面对自己被丈夫毒打，还是自己的儿子总是大打出手，非常不孝，她总是默默忍受。

外祖母就像一把熊熊燃烧的烈火，温暖了高尔基的童年。她经常给阿廖沙讲故事，讲上帝的故事，讲善良的人的故事。也许正是因为外祖母的影响，才让高尔基没有走向歪路。

外祖母肯吃苦、心地善良、勇敢坚强的品质也影响着我，让我无论在怎样的境遇里都要乐观、善良、有勇气。

小张同学

外祖母使小高尔基养成不向丑恶屈膝的性格，锻炼成坚强而善良的人。其善良、坚强的品性也影响了正在成长的同学们。

《居里夫人自传》一书回顾了居里夫人这位影响过世界进程的伟大女性不平凡的一生，主要描述的是居里夫人的品质、工作精神、处世态度等。居里夫人之所以能够取得如此伟大的科学功绩，不仅仅是靠大胆的直觉，也靠着在难以想象的极端困难的情况下对工作的热忱和顽强。所以我布置的任务是：《居里夫人自传》读后感。以下是一位学生所写的读后感。

《居里夫人自传》读后感

读完《居里夫人自传》，我不禁对书中的主人公——居里夫人，深深地敬佩起来。本书讲述了居里夫人的一生，我觉得居里夫人真的是一位非常坚强、执着并且伟大的女科学家。

居里夫人很小的时候，母亲和大姐就去世了，而她并没有放弃自己。17岁时，她中学毕业，作为女性，居里夫人不能去读大学，但她也没有放弃，参加了当时在波兰的一种组织，叫流动大学，每天过着省吃俭用的生活。她冒着生命危险去研究，在她一次一次地努力下发现了钋和镭。居里夫人一生共获得了10项奖金，16种奖章，117个名誉头衔，特别是还获得了两个诺贝尔奖。我们都应该像居里夫人一样，做一个永不言败的人。

居里夫人对名誉、财富视若浮云。她把所有镭的知识无偿告诉向她求教的人，还将凝结着自己四年心血的一克镭送给了许多医院。

居里夫人的经历还告诉我：人一定要有梦想，并为此披荆斩棘，不惧挫折，就能抵达成功的彼岸。正如居里夫人所说："如果能随理想而生活，本着正直自由的精神、勇往直前的毅力、诚实不欺的思想而行，一定能臻于至美至善的境地。"

从居里夫人的身上，学生学会做人，学会做事，更燃起了学生的梦想。

通过学生写作，我们可以看出无论是阅读还是写作，都开发了学生的思想深度，并且影响学生的行为，同时写作也是一种文化艺术，不断提高着学生的语言组织、表达能力。

在读书大地上生长

最近，我对某校七年级学生家长做了学生阅读习惯的问卷，其中有两项调查结果如下。

第3题 您的孩子有阅读习惯吗？ [单选题]

选项	小计	比例
有	71	56.35%
没有	55	43.65%
本题有效填写人次	126	

第4题 您的孩子每周阅读时间大概为多久？ [单选题]

选项	小计	比例
30分钟以内	72	57.14%
30分钟-1小时	24	19.05%
1-2小时	20	15.87%
2小时以上	10	7.94%
本题有效填写人次	126	

有阅读习惯的学生只有56.35%，57.14%的学生周阅读时间在30分钟以内。我和初中老师了解到，这些看书的同学有相当一部分看的都是言情小说、网络小说。再看看学生各科试卷，有可能是疫情原因耽误了学生的识字，学生错字很多，有的学生还用拼音代替。

叶圣陶先生说："语文学习应该以整本书的阅读为主，以单篇课文学习为辅。"语文学习应该以世界为课本。

从学生进入小学开始，我们就培养学生阅读兴趣，让学生养成每日读书的习惯。

从三年级开始，可以试着让学生写读书笔记，每周交一篇读书笔记，我们从中选出范文，打印出来发给每个学生，这种做法对提升全体学生的读写水平作用很大。对于文章能被选中范文的同学来说，是一种莫大的激励；对其他同学来说，有了借鉴的目标，学习的榜样，学生的读书笔记会越写越好。

很多学生提"写"色变。对不少学生来说，书嘛，读一读还可以，但下笔就难了。对此，我们可以降低写作难度。读书时，写什么，怎么写，写多少，以及写作质量如何，都不限；每周一篇，百八十字就行，三五十字亦可，只要读写结合即可。如果按时写了、交了，就充分肯定；有长处，就表扬鼓励。这样一来，学生敢下笔了，从短短几行写起，就会越写越长。到这时，再加强写作指导，提高写作要求，并推出范文，树立典型。激励的作用是神奇的，榜样的力量是无穷的，孩子会越写越好。

记得2021届六年级学生，读了二三十部名著，累计一千多万字，写下一万多字的读书笔记，储备了丰富的精神能量，形成了足以支撑自信的读写能力。

每个孩子都是一颗松树的种子，具备长成参天大树的先天基因。若把这颗种子栽进杯子里，就很难生根发芽；若把它栽进花盆里，它至多长成盆景；若把它栽在读书与实践的大地上，那么这颗种子在沐浴天地日月光华、汲取充足的生命能量之后，会长得枝繁叶茂、高入云天。

围炉夜读

冬日晚间，寒风凛冽，大雪纷飞。"绿蚁新醅酒，红泥小火炉。"室内，一家人，围炉夜话，读着冬日的故事，谈论着故事里的温暖、成长、坚持……真乃人生一大乐事！家庭阅读，对孩子的成长起着重要作用。

美国内华达大学有一个研究报告，研究调查的对象包括了27个国家共7.3万名学生，目的是调查他们受教育的时间长短。调查发现，家中有藏书的孩子，大学毕业的比例比家中没有藏书的孩子高了20%。另外，家中藏书量若超过500册以上，孩子受教育的时间也平均多出了3.2年。从这个调查可以看出，家庭书籍的拥有量与孩子的成长存在一定的关系。

我一个学生的家庭藏书共计300多本。其中孩子的图书均以绘本、名著、历史、百科为主。大人的读书类型比较杂，有小说、社科、文学、教育、历史、励志、传记、教辅等等。

不只是藏书，家长对孩子阅读的重视程度对孩子的影响也是比较大的，有一位家长和学生制订了这样的读书计划。

1.每周去一次图书馆或书店。图书馆氛围好，图书的种类和数量选择性强。合理利用周末时间，进行现场读书。

2.积极参加各种展览。通过观看展览的方式增加阅读的多样性。

3.与同学、朋友交流图书阅读计划。丰富阅读方式的多样性。

4.亲子阅读。家长与孩子同时阅读一本书，各自描述出主要的内容。

5.每天阅读时间至少30分钟，一周一小结，相互监督，奖罚分明。

6.做读书笔记。通过阅读提高孩子的词汇量；阅读时遇到好的句子和词语，用笔标记出来或抄写下来，作为素材的积累。

家长希望通过读书计划的制订，让孩子更加热爱读书，养成爱读书的好习惯，树立正确的三观，培养开朗、自信的性格。我想如果这样坚持下去，家长的愿望不难实现。

还有一位家长和学生制订如下计划。

1.打造家庭图书角

我们打造学习环境，为孩子营造良好的读书氛围。我家设有专门的书房，我们经常和孩子坐在一起，与孩子交流读书心得，面对孩子提出的难题，我们会严谨地查资料学习，以求给孩子正确的引导。我们还把书放在孩子随手可以拿到的地方，例如床头、写字桌等，以便让孩子随时进入阅读状态。

2.固定读书时间

我们把晚上8：00至8：30作为亲子阅读的固定时间。在这个时间段，孩子已完成当日的复习和预习功课，家长也做完了家务，全家一起沉浸在书中，享受读书的快乐。

3.共同探讨读书体会

阅读最大的乐趣就是跟孩子互动。对封面、扉页、故事的转折点，我们都会进行提问，鼓励孩子大胆地猜测，带着思考去读书，并在结束时聊聊心得体会，和孩子一起徜徉在知识的海洋里，共同成长。

亲子共读，能让家长体味到教育子女的快乐，意识到作为家长的职责，也促进了自身素质的提升，让家长对孩子的陪伴变成更高质量的陪伴，真真正正地参与和见证了孩子成长。

通过亲子阅读，一家人围炉夜话，度过美好的时光，家人之间更亲密，一起看见美、感受爱，体会到幸福。

每本书都是一粒种子

"上知天文、下知地理、中晓人和"是未来对于21世纪人才的普遍要求。而老师和家长能做的，就是带着孩子从小广泛阅读，带孩子走进更广阔的天地，并帮助孩子寻找自己的兴趣。

五年级上学期，我带领学生读中外民间故事。中外民间故事源于民间，是千百年来劳动人民智慧的结晶，表现了劳动人民的喜怒哀乐，体现了劳动人民对美好生活的追求和对生命的思索，表现了劳动人民纯洁善良的心灵。学生读了，懂得了自己应该成为善良、坚强、勇敢、乐观的人。

五年级下学期，我带领学生读四大古典名著，《红楼梦》《三国演义》《水浒传》《西游记》是中国文学史中的经典作品，是世界宝贵的文化遗产，有着极高的文学水平和艺术成就，细致的刻画和所蕴含的深刻思想都为历代读者所称道，其中的故事、场景、人物已经深深地影响了学生的思想观念、价值取向。

六年级读了《童年》之后，学生了解了旧社会下层人民生活的疾苦，也发现了劳动人民具备纯朴善良、吃苦耐劳的优良品质，感受到应该学会珍惜当下的生活。

最近，看到一篇文章，讲美国学生的知识面要广得多。有关历史、军事、自动驾驶、人工智能等问题，他们都能侃侃而谈，这跟美国学生从小看书很杂有关系。只要是感兴趣的好书，他们都会拿来看，其中包含很多商业、科技、趋势类的书。我们生活在一个飞速发展的社会，从小尽可能地让孩子读一些新书，因为新出版的好书里，往往蕴藏着最新鲜的科学知识、最前沿的科学理念，它们能让孩子看见未来。

读书要边读边思
——以部编版推荐阅读书籍《爱的教育》为例

语文学科，其人文内涵极为丰富，具备广阔的思维培育价值，也是"批判性思维"能够渗入与发展的重要土壤。从阅读教学的角度来看，"批判性思维"是指在阅读获取信息的同时还要进行评判，一边理解阅读文本，一边质疑与反思。

部编版教材六年级上册推荐阅读意大利作家埃德蒙多·德·亚米契斯《爱的教育》这本书。《爱的教育》是世界儿童文学史上一部优秀的日记体小说，全书展现了一幅幅亲子之爱、师生之情、朋友之谊的动人画面。这部书先后被译成数百种语言，成为世界上最受欢迎的读物之一。

在教学中，我设置了这样一个问题：找出《爱的教育》中相似的两个人物形象，思考相同的地方在哪里？不同的地方在哪里？

小徐同学找出了两组对比人物：第一组：《少年鼓手》中的少年鼓手和《隆巴尔第的小侦察员》中的少年侦察员。他写出相同的地方：都是在战争中为军队做出贡献。不同的地方：少年鼓手14岁，失去了左腿；少年侦察员12岁，失去了生命。第二组：《费鲁乔的血》中的费鲁乔和《海难》中的马里奥。相同的地方：都是把生的机会留给了其他人。不同的地方：费鲁乔救的是自己的外婆，马里奥救的是一个陌生的小女孩。

小徐同学找到的两组人物有比较的价值，所做的解释从文本中来，提取、概括得准确。但这里有两个问题的质疑点：少年鼓手和少年侦察员同样都是在战争中为军队做出贡献，但一个失去了左腿，一个失去了生命，在学生的认知里哪个更可贵？费鲁乔和马里奥同样是把生的机会留给了他人，但一个救的是自己的亲人，一个救的是陌生人，在学生的认知里哪一个更可贵？会不会出现不同的认知呢？

果不其然，学生呈现了不同的认知结果。

小徐同学的看法：我觉得少年侦察员更伟大，因为他失去的是生命；少年鼓手起码还活着。马里奥更伟大，因为他救的是跟他没有任何关系的小女孩，他完全可以让自己获救，而他选择了把生的希望留给了陌生人。

小康同学的看法：虽然一个失去了左腿，一个失去了生命，看上去结果不同，但是，他们的初心是相同的，都是为了取得战斗的胜利，他们的精神都是可贵的。

无论是救祖母还是救陌生女孩，两位少年在发现别人有危险时，第一反应都是"她有危险，我要去救她"！他们用自己的生命换取了别人的生命，他们救人的行动是一样有意义的。

小刘同学和小康同学的看法一致，她认为少年鼓手和少年侦探都是为自己的国家，为战争的胜利付出了巨大的代价，他们都拥有至高无上的爱国情怀。而费鲁乔和马里奥都善良、勇敢，拥有舍己救人的高尚品质。

从问题出发，学生有了探究的渴望，愿意独立思考，主动深度研读。在研读中他们努力地寻找"真理"，但我认为在此过程中学生获得的对世界的理解尤为重要，学生懂得了要有民族精神，要帮助有困难的人，要富有爱心。

《礼记》中有"博学之，审问之，慎思之，明辨之，笃行之"，就是要我们用理性的态度去质疑、思考，利用辨析来形成明确的判断。读书也应边读边思，多角度思考，提升思维能力，使人生格局更加开阔。

读书要思辨

来自麻省理工学院、哈佛大学和宾夕法尼亚大学的研究小组以波士顿地区30多名4—6岁的儿童为研究对象,在孩子们听故事的同时扫描他们的大脑活动,并且回顾孩子与父母在家中互动的录音后发现,孩子与父母交谈的频率越高,他们大脑中语言相关区域的活动就越强。无论家庭收入多少,父母教育程度如何,都证明了这一点。并且,大脑活跃程度与儿童听到多少词汇无关,但与会话轮流次数强烈相关。和父母交谈更多的儿童,在之后的标准化测试中取得了更好的分数。《麻省理工科技评论》的文章中说:父母和孩子谈话可以影响孩子大脑的生物成长,这非常神奇!

看过这个研究发现,我深有同感。我一直认为让儿童听故事是输入,儿童听故事会有两种结果:一种是听进去了,并进行思考和存储;另一种是没有听进去,大脑是空白的。而儿童与父母交谈是输出,儿童的大脑在时刻运转中,并对头脑中的信息进行加工和提取,日子久了,也是对大脑的一种训练,大脑活跃度自然就高了。

从儿童认知结构与认知过程来看,最核心的就是要培养儿童学会思考。教育是为了培养未来社会所需要的人才。面对未来,我们还应该引导儿童思辨。

在西方人文科学中十分注重思考的价值和思考习惯的养成,尤其中学之后的教育很多都是圆桌式的讨论课程,学生不再完全去认同老师说的观点,而是通过自己去阅读、分析、思考,结合自己一点点很浅的人生经历去挑战老师,同学和老师都不会在乎某学生的论点是否正确,而是关注他是否以严密的逻辑、翔实的数据来证明自己的观点。在作文课上不会再有一致性的观点和视角,文字表现出来的形式更代表学生思想的火花。

只有通过自己独立思考获得的知识,才能融入我们的思想体系。如今,我国全民的阅读量在逐年增加,的确可喜,但大量的单纯的阅读会使我们的精神丧失灵敏性,还会出现把某些外来、异质的思想强加于我们头脑的现象,所以读书要思辨。

写读书笔记（一）

国学大师梁启超在他的《治国学杂话》中曾说："若问读书方法，我想向诸君上一个条陈，这方法是极陈旧的极笨极麻烦的，然而实在是极必要的。什么方法呢？是抄录或笔记。"梁启超先生认为："这种工作，笨是笨极了，苦是苦极了，但真正做学问的人，总离不了这条路。"是的，写读书笔记不仅有助于学生积累知识，丰富语言，还能提高学生的阅读、分析、总结、写作能力，提升学生的语文素养。我以六年级"快乐阅读吧"推荐书目《鲁滨孙漂流记》作为抓手开展实践研究。

首先，我先让学生试着边读书边做读书笔记。

【学生所做读书笔记描述一】

"在1651年9月1日——天知道这是个多么倒霉的日子。我乘上了那艘去伦敦的船。我相信，这世上年轻的冒险家们没有哪一个会像我这样，厄运来得如此之快。"

生：从这里我能感受到鲁滨孙经历了遥不可及的危险。

【学生所做读书笔记描述二】

"等太阳终于把这两个大瓦罐晒得非常干燥、非常硬了，我就把它们轻轻地搬起来，放进两个预先特制的大柳条筐里，以免它们破裂。在罐和筐子之间的空隙处，又塞上了许多稻草和麦秆。这样，这两个大罐就不会受潮，以后就可以用来装粮食和面粉了。"

生：从这段我知道了鲁滨孙是怎样防止大罐变潮的，我自己也增加了不少知识。

【学生所做读书笔记描述三】

"这时风暴越刮越猛，海面汹涌澎湃，波浪滔天。我以前从未见过这种情景。但比起我后来多次见到过的咆哮的大海，那真是小巫见大巫了；就是与我过几天后见到的情景，也不能相比。可是，在当时，对我这个初次航海的年轻人来说，足已令我胆战心惊了，因为我对航海的事一无所知。"

生：这句话描写了海面上风浪很大的特点，突出了海上航行的危险性，也衬托了"我"作为一个初次航海的人的害怕心理。

学生写读书笔记存在的问题及思考如下。

学生对文本有的一知半解，有的大体能够理解文本内容，但是不全面、不深入。如何才能让学生对文本的理解更加深入？我想激发学生阅读的主动性、积极性，在平时的阅读教学中教给方法，也许是很好的路径。

在平时的阅读教学中，我的做法如下。

1.引导学生将相关知识联系起来丰富阅读的话题，让无序的话题之间产生关联，发展他们的关联思维。

2.引导学生结合自身经历，自主表达观点，多角度阐述自己的文本理解，从而拓展思维的深度和广度。

3.引导拓展创作，在语言输出训练之后，学生的阅读活动不再仅仅停留在学习理解层面，而是提升到迁移运用层面。

使用以上方法后，学生读书笔记如下。

【学生所做读书笔记描述四】

"他让我明白了要满足于现在自己的生活，不要总不知足。"

生：我对这句话的看法：具体事情具体对待。比如自己本不富裕还要买比较贵的东西，这种欲望是不知足造成的，这种事情要学会知足。但总在自己的"舒适圈"待着，工作勉强糊口就行，会让人止住脚步，反而应该摆脱平庸，勇敢地接触一些陌生的东西，可能会遇到一些磕磕绊绊，但当解决了问题，收获也会很多。

【分析】学生有多个思路，并且能够把这些思路结合起来思考。

【学生所做读书笔记描述五】

生：靠自己的智慧改变命运——读《鲁滨孙漂流记》有感

最近，我读了《鲁滨孙漂流记》。鲁滨孙那种在绝境中理智思考，靠自己的双手改变命运的精神，不禁使我敬佩。文中主要叙述：水手鲁滨孙遭遇海难流落在荒岛上的生活。通过自己的头脑和双手，在岛上建房定居，养牧种植。经历千辛万苦，战胜各种困难，最终回到了英国的历程。

读后，我很受启发：鲁滨孙那种不向命运屈服，勇于向命运挑战的精神值得我们学习。由此可见，鲁滨孙虽身陷绝境，却并没有感到悲观、沮丧，而是想方设法利用周遭的工具，改善自己的生活条件。当然，鲁滨孙只有乐观的态度是远远不够的，他还需掌握一些基本的求生技能，譬如：如何防御野兽的袭击；如何盖房、生火；如何找寻水源等，只有这样，鲁滨孙才能在恶劣的环境下存活27年。

常听人说："命运是上天冥冥中注定的。"但是，从鲁滨孙的故事中，再一次向我们印证了：命运是掌握在自己的手里，只有靠自己的双手，才能改变自己的命运。鲁滨孙的壮举使我深深地明白了一个道理：身陷困境中，我们要保持冷静，凭借自己的技能，将压力变为动力，争取把不利的形势变为有利的形势。这就是人们常说的"适者生存"了。同时，在日常的生活中，我们要多学习生存常识与掌握求生本领，学会在逆境中生存。

说到这儿，我不禁想起了自己的经历：在军训的攀爬课上，我总会半途而"歇"，因为我缺乏锻炼，意志也较薄弱，每当爬到一半时，就不再坚持了。

如今，我读了《鲁滨孙漂流记》后，我下定决心，向鲁滨孙学习，在困难与险境面前，要学会冷静思考，寻求解决办法，做到不逃避、不畏惧、不退缩。向命运挑战，向人生的极限挑战，竭尽全力攻克一切难关，靠自己的双手改变命运，让自己到达成功的彼岸！

【分析】学生能够从理论的高度来分析问题，使问题本身的意义得到拓展。

通过以上实践研究，能够明确高年级读书笔记应该努力达到的方向，对具体路径也做了初步探索，且有一定成效。学生对做读书笔记的方法有了认知，并实现深层阅读，初步学会做读书笔记。

写读书笔记（二）

古人讲究"不动笔墨不读书"。现代人也写读书笔记，比如现代作家、文学研究家钱钟书先生很多人认为他读的书很多，记忆力很强，过目不忘。其实，他是好读书，肯下功夫。不仅读，还做笔记；不仅读一遍两遍，还会读三遍四遍，笔记上不断地添补。钱钟书先生做一遍笔记的时间，约莫是读这本书的一倍。足见读书笔记在读书过程中的必要性，那教师在教学中如何做读书笔记的指导呢？

一、规范设计读书笔记的书写内容

我为学生设计了一个读书笔记的书写内容，主要包括以下几点：1.书名；2.作者；3.本书的主要内容；4.好词佳句；5.读书心得等。（根据所读书的文体可以有相应的调整）在教师的引导下，通过这样规范化的设计，学生在读书的过程中可有针对性地去读，知道怎样抓住书中的重点。在遇到其他书籍时，自然就会自己来设计读书笔记的内容。学生掌握写读书笔记的要领后，写出来的读书笔记就不会出现空洞无味、思路混乱的现象。

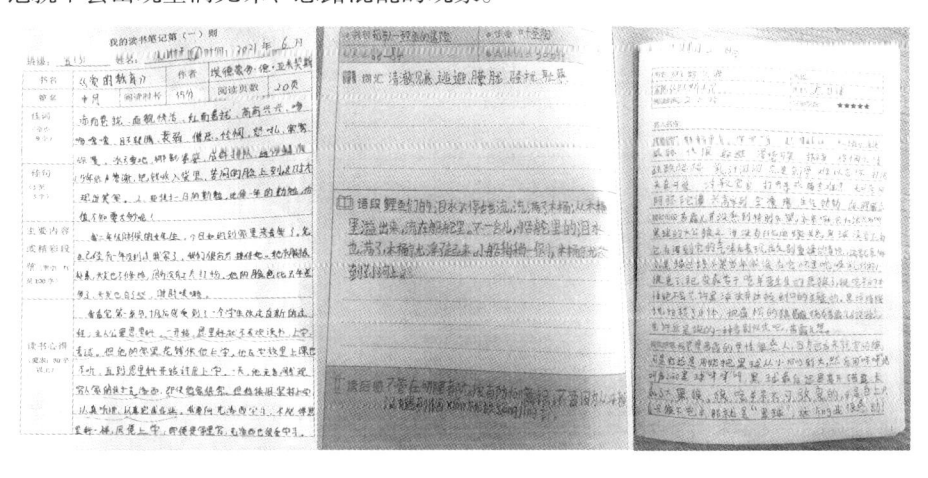

二、读书笔记的升级版内容

对学有余力的学生,可以在读书笔记的设计过程中将其升级,让学生充分发挥主观能动性,引导学生在写读书笔记时进行新的尝试。1.根据书中的人物、故事情节、故事发生的时间与地点,结合自己的经历或感受写一篇新的文章,将对书本中的人物产生的感情及关于其命运转折的思考融入自己的写作中。2.发挥想象力,给故事的主人公写一篇前传或后传,从作者的角度将故事进行延伸。如果学生不喜欢书本的结局,认为结局太过于悲伤,可以自己来进行新的创作,将故事主人公的命运进行逆转,想象之后的生活里所发生的某件事情,使其命运出现转机等。3.还可以根据书本的主题重新写一篇新的故事,比如:书里讲的是关于"爱"的,可以根据自己的生活实际来写一篇关"爱"的与新的文章。

三、读书笔记常用的方法

明确了读书笔记的内容后,还要教给学生基本方法。

1.摘抄法

摘抄的内容可以根据自己的需要来定,可以抄录思想家、文学家、科学家的至理名言,也可以摘抄优美的写景、心理描写、对话描写等片段等。

2.体会法

读书之后把自己从书中得到的收获、心得、体会或认识、感想等,联系自己的实际写下来,这叫读书体会或读后感。这种体会式的笔记,应以自己的语言为主,适当地引用原文作例证,表达自己的看法、想法,写出真情实感来。通过这种方法,可以锻炼写作。实践证明,使用这种方法的学生由一开始的不愿写、写不出,到最后不但想写,而且佳话连篇。

3.批注法

在阅读时,为了加深对文章内容的理解,可边读边,写写画画,把书中的重点词句和重要内容用圈、点、画等标记出来,或在空白处写上批语、心得体会、意见。

4.卡片法

读书时，可按照写人、记事、写景、状物分门别类地摘记在卡片上，再分类存放。存放的位置还要按类别，编上号码，写出标题，以便使用时查找。卡片可以贴在床头、写字台上以及随身携带，闲时背一背。

向学生介绍基本的读书方法后，我会布置以下任务：1.准备一个自己喜欢的读书笔记本，起一个自己喜欢的名字。2.从现在开始记读书笔记，基本版、升级版都可以。（备注：所有经典书籍都可以做读书笔记，每周校本阅读课做读书笔记展览，每月月底收读书笔记，期末评优秀读书笔记。）

四、教师指导

1.讨论切磋

在确保学生读书笔记已完成的前提下，我把学生分组（三人为一组）。以小组为单位，学生互换并翻看读书笔记。主要看字词有无异议，摘抄部分有没有添字漏字或错别字等，再找出好片段。完成后，逐一展开讨论：可指出他人的笔误，可向同学请教，也可向同学询问自己的不足。讨论结束后，小组长按次序把本小组的讨论结果整理在读书笔记上，每组选一名学生代表把本组的讨论结果向大家汇报。

2.教师点评

讨论切磋之后，教师要根据各小组的讨论结果进行有针对性的点评。教师可挑选写得好的与进步大的，或表扬或鼓励；针对讨论，教师点评的重点在让学生知道集思广益并用心体会。结束后学生总结教师的点评。

3.结语

通过写作读书笔记，学生很好地掌握了有效读书的方法，学生的词汇量增加，语感也越来越好，特别是学生的阅读分析能力与书写能力都得到了提高。

写读书笔记（三）

思维导图的内容涉及人物关系、内容情节、感受，我认为是读书笔记的一种变式。但它因为更能体现思维特点、个性特点，学生做起来比较有兴趣。

一、指导思维导图的绘制技巧

为了引导学生利用思维导图工具来阅读，就需要专门对学生进行技能培训。因此我为学生演示每一种思维导图的操作方法，为学生自主利用思维导图呈现阅读思维成果做准备。

二、引导学生自主完成思维导图

在教学的过程中，老师是引导者，学生是课堂上的小主人，老师要尽力让学生自己参与到课堂中来，所以应该让小学生自主完成简单的思维导图。

三、组织分享活动，互相学习借鉴

对于小学生来说，不足是一定存在的，鼓励学生多多分享、交流与合作，促使学生在对比与反思中发现问题，在他人的启发与帮助下提升自己的思维导图绘制能力。

以下是学生制作的思维导图。

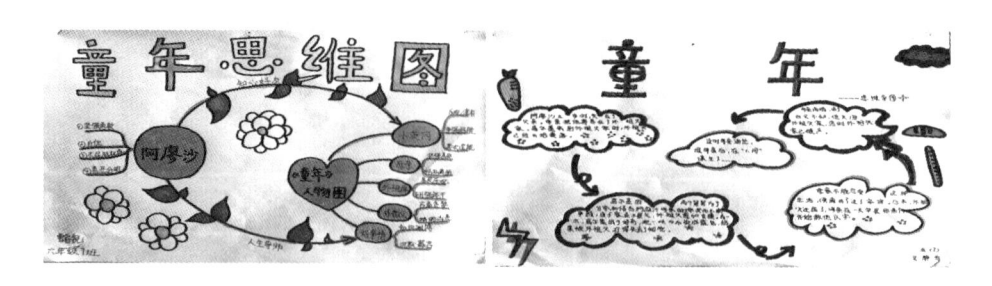

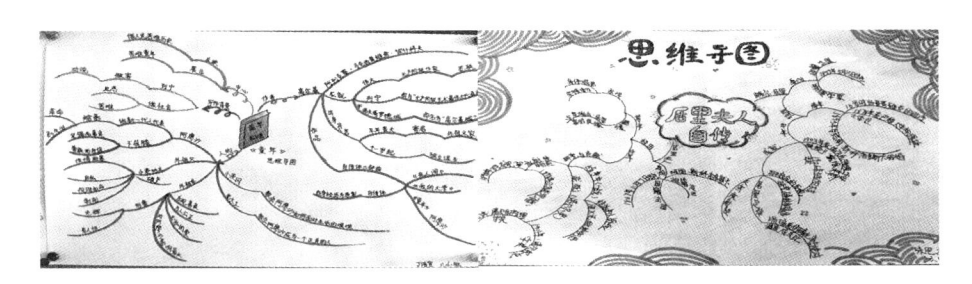

在思维导图工具的应用下，学生学会了梳理书籍的知识脉络。同时，思维导图启发了学生的思考，增进了学生的阅读情感体验，促进了学生阅读综合能力的快速发展。

写读书笔记（四）

手抄报可以让学生畅谈自己的读书感想和收获，并撰写自己的读书心得，也是读书笔记的变式。它有着可传阅、可观赏、可张贴的特点，是一种很好的宣传形式。

一、做好手抄报指导

指导办一张手抄报和指导完成一次习作有很多相似之处，首先要确定主题，然后围绕主题收集并整理材料，接着对筛选出的材料进行谋篇布局，最后再进行装饰美化。一般来说，办手抄报大致可以分为六个步骤：总体构思—拟定标题—收集资料—版面划分—内容书写—美化装饰。

二、学生自主完成手抄报

学生自主完成手抄报是体现自己个性化的阅读成果，因此不做过多要求。

三、张贴在年级走廊墙壁上

做完手抄报后教师可选择在本年级走廊的墙壁上张贴。我发现手抄报在张贴后，对书籍没兴趣的学生可能因为其他学生"无声"的宣传而拿起了书；有读书不深的学生可能因为看了其他同学的阅读感受而重新拿起书籍重读。手抄报既让制作的同学受益，又让观赏的学生有收获。

在让学生写读书笔记的实践中，学生明白了读书应该边读边思，边读边记，这样做，是能够提高阅读质量的。大多数学生能在课堂学习中、在课外阅读中有了记读书笔记的习惯。这次研究的只是小学高段、部编版教材在中段要求学生学习做批注，这也是读书笔记的一种，我想在以后的课堂再研究实践。

人物形象分析

小说的三要素是：人物形象、完整的故事情节和具体环境描写。人物是小说的主要构成要素之一，小说的主题和作者的创作意图都要通过人物形象来表现。因此，欣赏小说要注意把握人物形象。我们在指导学生评价人物时，可以如下这样做。

（1）找到有关人物描写的句子，如外貌、动作、语言等进行分析，比如，朴素的衣着往往是一个人朴实、节俭的表现，而行为动作的仔细认真又可以看出一个人的严谨等。

（2）要概括人物在文中做了哪些事，一件件去分析，他做了什么，为什么这么做，表现出这个人怎样的品质，一定要全面。人是有多面性的，所以一个正面人物形象身上未必没有瑕疵，同样有缺点的人也可能闪现人性的光辉。

（3）平时要注意积累成语和词语，很多同学能够体会出人物形象，但是表达不出来，没有恰当的词汇去表达心中所想，原因就是积累不够。

在五年级课外读物《海蒂》和《爱的教育》中，我让学生用思维导图的形式呈现对人物形象的分析，以下是学生的作品。

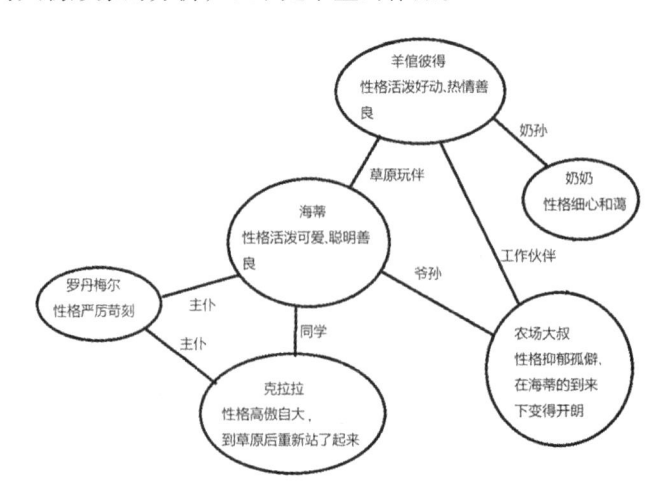

充满正能量的英雄——加罗内

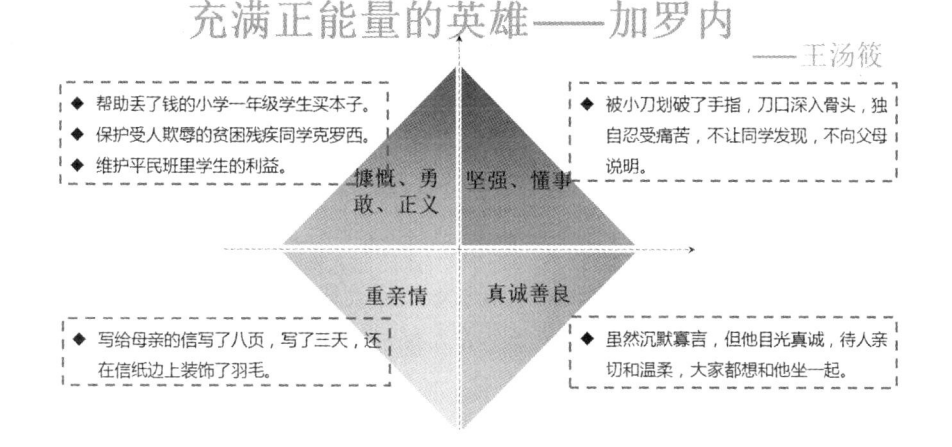

——王汤筱

- 帮助丢了钱的小学一年级学生买本子。
- 保护受人欺辱的贫困残疾同学克罗西。
- 维护平民班里学生的利益。

慷慨、勇敢、正义

坚强、懂事

重亲情

真诚善良

- 写给母亲的信写了八页，写了三天，还在信纸边上装饰了羽毛。

- 被小刀划破了手指，刀口深入骨头，独自忍受痛苦，不让同学发现，不向父母说明。

- 虽然沉默寡言，但他目光真诚，待人亲切和温柔，大家都想和他坐一起。

在六年级课外读物《骑鹅旅行记》中，我给学生留下的思考题是：《骑鹅旅行记》中给你留下深刻印象的是哪些人物和动物？你认为它们都是什么样的？从哪些地方看出来的？你的感受是什么？

书中给我留下深刻印象的是尼尔斯。

变形前：调皮捣蛋，喜欢恶作剧，欺负小动物。

心理描写："男孩想，我应当要求得到一笔更大的财产和尽量多的好处。至少应该让小精灵施展魔法将那些训言变到我的脑子里去。"（喜欢恶作剧）

动作描写："于是他又随手摇晃起那个纱罩，想让小精灵再跌进去。"（欺负小动物）

尼尔斯扯过公鸡的鸡冠、揪过猫的尾巴、用木鞋打过奶牛，并把马蜂放入它们的耳朵。他还多次把母亲绊倒……

变形后：善良勇敢、爱动物、机智、乐于助人、不离不弃。

看来，这只大雁要成为斯密尔的晚餐了。尼尔斯也看到了这一切，他几乎没有思考，立刻去追赶，想要夺回那只大雁。他听到莫顿在他身后高声呼叫："当心啊，大拇指！当心啊，大拇指！"可是，男孩并没有觉得害怕，而是一往无前地冲了过去。（善良、勇敢）

在书中有一个情节讲的是：尼尔斯如果要变回原形，就必须要好好保护雄鹅，还有要阻止尼尔斯的妈妈杀掉它。尼尔斯不想失去他的好伙伴雄鹅，宁可自己不变回人，最后由于他的这种"不抛弃，不放弃"的信念，使他变回了原

形。(不离不弃)

在我看完《骑鹅旅行记》这本书时给我最直接的感受是主人公尼尔斯很像我们三、四年级时候似的年少无知,容易惹事,不爱学习……但是我们一到五、六年级犹如尼尔斯回到家后精神发生了质的转变。

苏霍姆林斯基说过:"道德是照亮全面发展的一切方面的光源。"(《给教师的建议》)他也非常重视和强调对学生基本品质教育:孝敬心、同情心、关心人、责任感、羞耻心等等。而这些必不可少的品质,恰好在小说这种文学作品的学习中得以实现。平常的絮絮叨叨变成了学生的自读自悟,学生自求上进是教育最大的成功。

情节图

故事情节是小说的三要素之一，在小学课外阅读教学时如何体现呢？我指导学生画情节图。

什么是情节图呢？简单来说，就是将事情的起因、经过、结果中重要的节点（事件和事件的转折点）用简短的词语概括出来，形成一条情节发展路线。有了这条情节发展路线，事情的发展经过就一目了然了。

怎么画情节图呢？首先，在通读课外读物的基础上找到事情的起因、经过和结果的段落，然后用一两个词语来概括段落的意思，最后将所有的词语用折线连接起来，就成了情节图。情节图可详可略。对于文章的重点段落，也就是情节起伏较大的段落，可以多用几个词来体现，主要是体现情节的曲折性，从而在复述时不落下重要地方。

我在教学五年级上册推荐阅读："民间故事"这一文体时，就指导学生画情节图。以下是学生的作品。

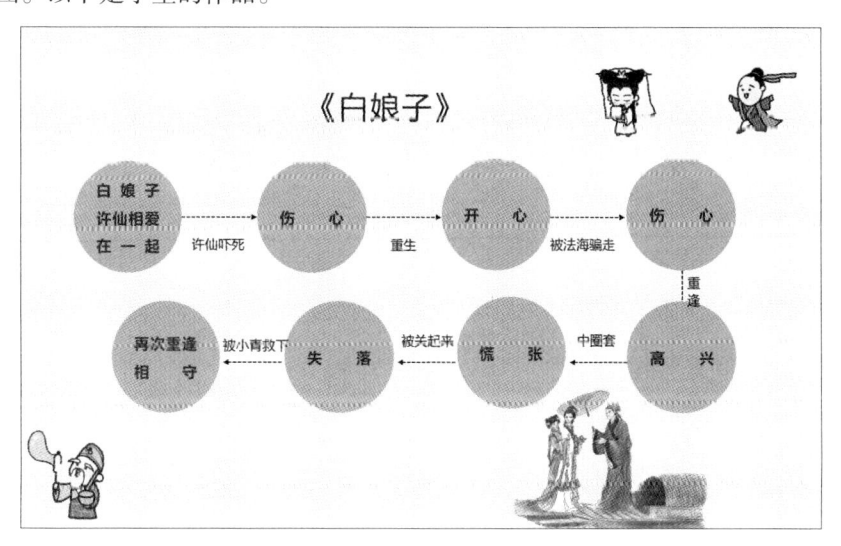

《白娘子》

白娘子许仙相爱在一起 →（许仙吓死）→ 伤心 →（重生）→ 开心 →（被法海骗走）→ 伤心 →（重逢）→ 高兴 →（中圈套）→ 慌张 →（被关起来）→ 失落 →（被小青救下）→ 再次重逢相守

《梁山伯与祝英台》

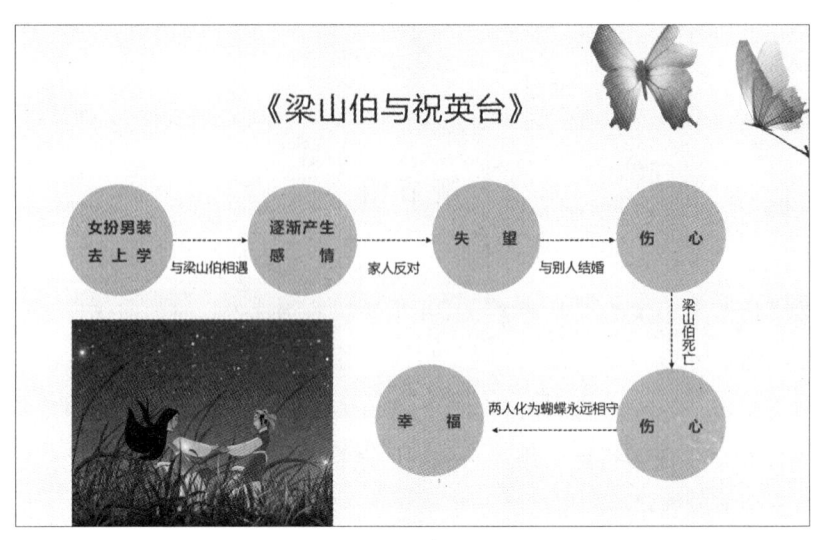

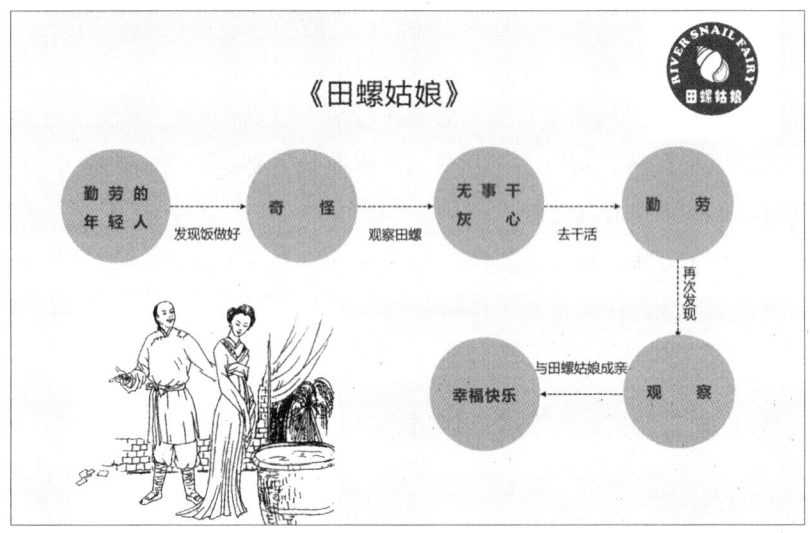

女扮男装去上学 —与梁山伯相遇→ 逐渐产生感情 —家人反对→ 失望 —与别人结婚→ 伤心 —梁山伯死亡→ 伤心 —两人化为蝴蝶永远相守→ 幸福

《田螺姑娘》

勤劳的年轻人 —发现饭做好→ 奇怪 —观察田螺→ 无事干灰心 —去干活→ 勤劳 —再次发现→ 观察 —与田螺姑娘成亲→ 幸福快乐

故事一：《灯花》

情节图：

都林在石窝里发现了一株会"唱歌"的百合花。 → 都林把百合花带回了家。在一个中秋节晚上，百合花的灯芯突然开了一朵大红花，从花里走出来一个穿着白色衣服的美丽姑娘，高兴地站在都林的身边。 → 从此他们快快乐乐地生活在一起。 → 两年后都林什么都不干了，变得越来越懒惰，于是一只孔雀带着白衣姑娘飞走了。 → 都林后悔了，于是他开始没日没夜地干活儿。 → 由于他的勤劳，白衣姑娘又回到了他的身边。

故事二：《一幅壮锦》

情节图：

妲布织了三年的布被大风吹走了。 → 妲布让她的大儿子去寻找壮锦。壮锦需要通过很多考验才能找到，最后大儿子放弃了寻找壮锦，自己去了大城市。 → 妲布又让二儿子去寻找壮锦。老二和哥哥一样，也放弃了寻找壮锦，去了大城市。 → 三儿子自己去寻找壮锦了。他历尽千辛万苦通过了全部考验，终于找到了壮锦。 → 原来壮锦是被仙女借去当样子的。 → 最后壮锦成为现实，里面还有一个姑娘，她和三儿子结了婚，过着幸福的生活。

故事三：《巧媳妇》

情节图：

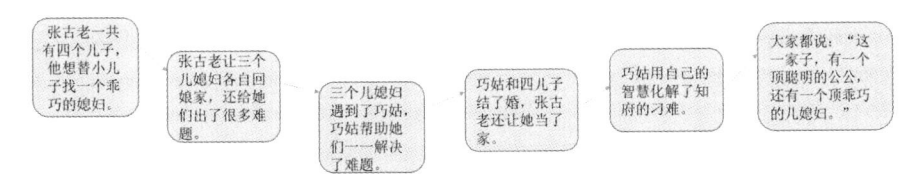

张古老一共有四个儿子，他想替小儿子找一个乖巧的媳妇。 → 张古老让三个儿媳妇各自回娘家，还给她们出了很多难题。 → 三个儿媳妇遇到了巧姑，巧姑帮助她们——解决了难题。 → 巧姑和四儿子结了婚，张古老还让她当了家。 → 巧姑用自己的智慧化解了知府的刁难。 → 大家都说："这一家子，有一个顶聪明的公公，还有一个顶乖巧的儿媳妇。"

学生对画情节图比较感兴趣，特别是和同学们分享时，很有成就感。几次课上下来后，学生整体把握故事内容的能力有所增强，概括能力提高了。

环境描写

环境描写是小说的三要素之一。茅盾先生说过："作品中的环境描写，不论是社会环境或自然环境，都不是可有可无的装饰品，而是密切联系着人物思想和行动。"是的，在写作中，环境描写都是很重要的，也是多方面的：突出主题，表现人物性格，推动情节发展，显示事件发生的背景，展现地域风貌、风土人情等。

我在教学六年级推荐书目《鲁滨孙漂流记》中，就让学生找出文中的环境描写，并简要分析。以下是学生分享的内容。

在海岛的岸上，我见到几顶大帽子以及两只不成对的鞋在海上漂荡。我还在祈祷有活着的同伴，可是，这种愿望好像再也不能实现。我环顾四周，想着下一步该怎么办。

学生分析："几顶"和"两只"表示数量很少。"海上漂荡"表示海面一望无垠的。这两者形成对比，更能凸显鲁滨孙在海上的孤独感和无助感。接下来的描写更突出了这一特点："祈祷有活着的同伴，可是，这种愿望好像再也不能实现。"在这样的描写中，看到了鲁滨孙的无助与绝望。

我虽然捡了一条命，却又陷入了另外一种绝境：浑身湿透，没有衣服可换；又饥又渴，没有任何食物和水。我看不到任何出路，除了饿死，恐怕就是被野兽吃掉。我身上除了一把小刀、一个烟斗和一小匣烟叶，再也没有其他的东西了。我内心恐惧慌乱极了，于是在岸上疯狂地跑来跑去，像个疯子一样。

学生分析：如果前一段的描写体现的是鲁滨孙无助与绝望，那这一段"绝境"部分的环境描写，更让我们感同身受般地体会到鲁滨孙恐惧到了极点，像疯子般跑来跑去，不知怎么面对接下来的生活。

学生总结：环境描写的作用，是渲染当时的氛围，烘托鲁滨孙的心理活动，为后面突出他顽强坚持的刚毅品质做个铺垫。环境越恶劣，越能突出他勇于战胜苦难的意志品质，同时更加深了人物形象的刻画。

学生在对《鲁滨孙漂流记》的环境描写分析之后，体会到了环境描写的作用及重要性，随后在读《居里夫人》时，又做如下分析。

木棚顶上有一个很大的玻璃天窗，只不过有多处裂痕，一下雨就会漏水。棚内夏天闷热潮湿，冬天阴冷难忍。虽然可以生炉子取暖，但也只是火炉旁边有那么点热气而已。」此外，我们还得自己掏钱购置一切必备的仪器装置。木棚里只有一张破旧的松木桌和几个炉台、汽灯。做化学实验时，常会产生有毒气体刺鼻呛人，我们不得不把这种实验移到院子里去做，就这样，仍旧有毒气进到棚内来。我们就是在如此恶劣的条件之下，拼命地干着。

学生分析：这段主要是环境描写。居里夫人的工作环境非常恶劣。但是，她仍然艰苦奋斗，坚持做试验，令人敬佩。

学生通过对环境描写的分析，慢慢弄清了环境描写的作用。读书时，会有意无意对环境描写有所思考，对准确把握作者想要表达的思想有很大帮助。特别是学生在自己的写作过程中也会运用环境描写，这种做法对提高学生的读写能力还是很有帮助的。

拓展

在教六年级校本阅读课时，有时大家为一件事争论不休，为了弄懂，我往往让他们暂时停止争论，征求哪个组愿意寻找资料，下节课在课上汇报给大家听。比如在学《居里夫人》一书时，大家对"玛丽·居里"名字的理解不同，争论起来。小李组接受了任务后，在下一节课做了如下汇报。

一、中外姓名的区别

欧美国家的姓名结构是"名字+姓"Harry James Potter（哈利·詹姆斯·波特），正好和中国人的"姓+名"诸葛亮（姓诸葛，名亮）的结构相反。

二、不同国家姓名的区别

1.英美人姓名的排列是名在前姓在后

也有人用父名或父辈名（就是和父亲辈的人名字一样），就要在名后加上小（Junior）或罗马数字以示区别。如John Wilson, Junior，译为小约翰·维廉，George Smith, Ⅲ，译为乔治·史密斯三世。[如果你们再不懂就看看《哈利·波特与火焰杯》，里面的穆迪（克劳奇）就是以这种方式命名的]

2.法国人的姓名也是名在前姓在后

一般由二节或三节组成。前一、二节为个人名，最后一节为姓。有时姓名可达四五节，多是教名和由长辈起的名字。但现在长名字越来越少，如：Henri Rene Albert Guy de Maupassant，译为亨利·勒内·阿贝尔·居伊·德·莫泊桑，一般简称Guy de Maupassant居伊·德·莫泊桑。

三、结婚后的姓名

（1）结婚后一般女方随男方姓，如：Ginevra Molly Potter（金妮芙拉·莫丽·波特）也可以不随男方姓，如：Hermione Jane Granger（赫敏·简·格兰杰）

（2）居里夫人就是结婚后随着皮埃尔·居里姓，居里夫人原名：玛丽·斯克洛道夫斯卡。

　　《骑鹅旅行记》是世界文学史上第一部，也是唯——部获得诺贝尔文学奖的童话作品。同学们听过"诺贝尔奖"，但对诺贝尔奖不太了解，小宇组接受了任务，下节课做了如下汇报。

　　阿尔弗雷德·贝恩哈德·诺贝尔生于瑞典的斯德哥尔摩，是杰出的化学家、工程师、发明家、企业家。他一生共获得技术发明专利355项，其中以硝化甘油制作炸药的发明最为闻名，他不仅从事研究发明，还在欧美等五大洲20个国家开设了约100家公司和工厂，积累了巨额财富。在即将辞世之际，诺贝尔立下了遗嘱："请将我的财产变作基金，每年用这个基金的利息作为奖金，奖励那些在前一年度为人类做出好的贡献的人。"

　　诺贝尔奖（瑞典语：Nobel priset，英语：Nobel Prize）是指根据诺贝尔1895年的遗嘱而设立的五个奖项，包括：物理学奖、化学奖、和平奖、生理学或医学奖和文学奖，旨在表彰在物理学、化学、和平、生理学或医学以及文学上"对人类做出最大贡献"的人士；以及瑞典中央银行1968年设立的诺贝尔经济学奖，用于表彰在经济学领域杰出贡献的人。

　　通过拓展，学生明白了许多平时出现，却没有深入了解的知识，通过个别组查找资料，比较允分地丰富了学生的认知结构，同时也告诉他们，遇到问题要想办法解决。

暂停阅读

有人问美国投资家查理·芒格:"如果感受不到阅读这本书的喜悦,该怎么办呢?"回答是:"没关系,请把这本书赠给更有智慧的人。"

和班里学生聊读书时,学生会向我倾诉:"老师,我明明知道这本书是经典,应该读,可我就是读不进去,怎么办?"经典,就是经久不衰的万世之作,具有典范性、权威性的著作,就是经过历史选择出来的"最有价值的书"。而经典之所以叫做经典,是因为他们创造力强、内功精深、厚积薄发、高度浓缩。

这时,我往往会告诉学生:"先把这本书放一段时间,然后再读。"这就是暂停阅读。所谓"暂停阅读",就是在你读一本书时,如果你实在觉得吃力、读不下去,无须自责或怀疑自己,你可以先把书放一阵再读。当然,也可以像投资家查理·芒格那样送给想读这本书的人。

我提倡学生将有限的时间花在经典阅读上。因为真正有价值的阅读有如爬坡,可能读懂的只是其中的一小部分,但只有这种有坡度的阅读对人的成长才真正有用。

我第一次读苏联著名教育家苏霍姆林斯基《给教师的建议》这本书时,是在一个学期的开学初,由于每天晚上读不了多久就有睡意了,思绪总是断的,于是,我选择了放一阵再读,先读其他书籍。

到了暑假,真正静下心来,我边读边做笔记,那些日子完全沉浸在书里。我被书中体现出来的悲悯情怀、心灵关切、对人性的尊重,以及永不言弃的理想与信念打动了。我意识到做教师其实是一件非常美好的事情,我对自己所从事的教育工作感到自豪。这本书让我决心做一个像苏霍姆林斯基那样的教师,帮我确立了良好的教育研究方式。

读书,可以按暂停键!

部编版教材1—6年级"快乐阅读吧"阅读书目

苏霍姆林斯基曾经说过:"应该让孩子生活在书籍的世界里。"叶圣陶先生曾说过:"单凭一本国文教材是远远不够的,必须在国文教材以外多看一些书,越多越好。"北大教授钱理群先生也说过:"学好语文有很多要素,但最核心最根本的方式就是阅读。"由此可以看出阅读的重要性。

国家教材设置"快乐阅读吧"这个栏目旨在激发学生阅读各种类型读物的兴趣,并有基本的文体知识,学习一些阅读的方法,引导学生养成良好的阅读习惯。下表是教材中推荐的阅读书目。

部编版1—6年级(上册)"快乐阅读吧"18本阅读书目(人民教育出版社)

年级学期	书目类型	序号	书目名称	作者
二上	童话故事	1	《小鲤鱼跳龙门》	金近
		2	《"歪脑袋"木头桩》	严文井
		3	《孤独的小螃蟹》	冰波
		4	《小狗的小房子》	孙幼军
		5	《一只想飞的猫》	陈伯吹
三上	经典童话	6	《安徒生童话》	安徒生
		7	《稻草人》	叶圣陶
		8	《格林童话》	格林兄弟
四上	神话故事	9	《中国神话传说》	曹文轩、陈先云主编
		10	《世界经典神话与传说故(上)》	曹文轩、陈先云主编
		11	《世界经典神话与传说故事(下)》	曹文轩、陈先云主编

续表

年级学期	书目类型	序号	书目名称	作者
五上	民间故事	12	《田螺姑娘》中国民间故事精选	曹文轩、陈先云主编
		13	《聪明的牧羊人（上）》欧洲民间故事精选	曹文轩、陈先云主编
		14	《聪明的牧羊人（下）》欧洲民间故事精选	曹文轩、陈先云主编
		15	《老人的智慧》非洲民间故事精选	曹文轩、陈先云主编
六上	儿童小说	16	《童年》	高尔基
		17	《小英雄雨来》	管桦
		18	《爱的教育》	亚米契斯

部编版1—6年级（下册）"快乐阅读吧"22本阅读书目（人民教育出版社）

年级学期	书目类型	序号	书目名称	作者
一下	童谣儿歌	1	《摇摇船》	
		2	《小刺猬理发》	鲁兵
二下	儿童故事	3	《神笔马良》	洪汛涛
		4	《七色花》	（苏）瓦·卡达耶夫
		5	《一起长大的玩具》	金波
		6	《愿望的实现》	（印度）泰戈尔
		7	《大头儿子和小头爸爸》	郑春华
三下	寓言故事	8	《中国古代寓言》	
		9	《伊索寓言》	（古希腊）伊索
		10	《克雷洛夫寓言》	（俄）克雷洛夫
四下	科普读物	11	《十万个为什么（上）》	曹文轩、陈先云主编
		12	《十万个为什么（下）》	曹文轩、陈先云主编
		13	《灰尘的旅行（上）》	曹文轩、陈先云主编
		14	《灰尘的旅行（下）》	曹文轩、陈先云主编

续表

年级学期	书目类型	序号	书目名称	作者
五下	古典名著	15	《西游记》	吴承恩
		16	《三国演义》	罗贯中
		17	《水浒传》	施耐庵
		18	《红楼梦》	曹雪芹
六下	世界名著	19	《鲁滨孙漂流记》	（英）丹尼尔·笛福
		20	《骑鹅旅行记》	（瑞典）塞尔玛·拉格洛芙
		21	《爱的教育》	（美）马克·吐温
		22	《爱丽丝漫游奇境》	（英）刘易斯·卡罗尔

部编版四年级（下册）"快乐阅读吧"5本阅读书目（南方出版社）

年级学期	书目类型	序号	书目名称	作者
四下选读	科普读物	1	《穿越地平线》	李四光
		2	《细菌世界历险记》	高士其
		3	《爷爷的爷爷哪里来》	贾兰坡
		4	《地球的故事》	（美）房龙
		5	《森林报》	（苏）比安基

万丈高楼平地起，孩子每天读书，读不同种类的书籍，不同国家的书籍，不同年代的书籍，可想而知，视野会是开阔的，思想会是开放的，在书的世界遨游，是多么幸福的事啊！

引导深度阅读　强化阅读习惯

部编版教材二年级上册快乐阅读吧推荐五本书：《小鲤鱼跳龙门》《"歪脑袋"木头桩》《孤独的小螃蟹》《小狗的小房子》《一只想飞的猫》。这五本书的内容都是由一个一个的小故事合成的。在引导学生读的同时，还要引导学生对内容有所理解，形成自己的认识。

孙幼军先生创作的《小狗的小房子》中有一个故事叫《粗尾巴》，讲的是有只小老虎的名字叫花花，有只小花猫也叫花花。小花猫有点霸道，说小老虎和它重名了，叫小老虎改名字。小老虎的妈妈不愿让小老虎改名字，可小老虎听小熊说它的尾巴又长又粗，就改名为"粗尾巴"。

听读完这个故事后，学生对故事有了大致了解，我问了个有趣的问题，如果你是小老虎你会改名字吗？学生各抒己见。

生一：应该小猫改，因为小老虎没想改，小猫想改就让她改好了。

生二：两个都要改名字：不能我改他不改。

生三：名字都是长辈起的，都是有含义的，坚决不改。

师引导说："小老虎改也有道理，你觉得呢？"

生四：因为小老虎的尾巴又粗又长，所以改。

生五：小花猫五月生的，小老虎六月生的，小老虎后出生的，所以他改。

生六：我的名字比较难写，到现在我有时也会写错，如果我是小老虎，我想改。

生七：因为小老虎理解小花猫，所以他改名字。

师引导：小老虎改名字是出于什么想法呢？

生七：是因为小老虎善良。

师：大家同意吗？

生八：同意，所以小老虎才会有很多好朋友。

师：是的，小老虎因为理解小花猫，所以他和小花猫成为好朋友，和小熊成为好朋友，他还会有更多的好朋友，在后面的故事中我们可以读到。我们看下一个故事。

　　在这个有趣的问题讨论中，可以看出学生能够联系故事内容说想法，联系自己生活实际说想法，对于改不改名字的讨论已经不重要了，但理解对方的想法，有颗善良的内心的人文情感已经默默地在学生心里埋下了种子。

　　在接下来的一个个小故事中，我们都有对故事内容、主题、情感的探讨，学生的思考也不断深入，边读边思的习惯也就不断形成了。

自主合作探究的学习方式在校本阅读课中的运用

"自主合作探究的学习方式",是一种建立在互助合作基础上的以小组为单位的教师组织下的学生间的合作学习方式,是一种教学策略。在教学过程中,教师根据学生的具体实际和课程的学习任务把班级的同学划分成若干组,小组的成员通过师生、生生合作进行自学、讨论、交流,用操作、探索、研究等活动形式,获得知识、技能、情感、态度与价值观的发展,特别是探索精神和创新能力的发展,它具有较强的操作性和可实施性。

"自主、合作、探究"的小组合作学习如何由课上拓展到校外?在校本阅读学科,我尝试了一些做法。

一、分组

三人或四人一组,自由结合,选出组长、主持人、汇报人(如果是四人组,汇报人有两人),给自己的组取名。课代表汇总。以下是五(1)班阅读小组名单。

五(1)班阅读小组名单

组名	小组长	主持人	汇报人
1组:腾飞组	张××	沙××	李××
2组:繁星组	罗××	马××	张××
3组:奶茶组	曹××	王××	王××
4组:腾飞组	徐××	杨××	康××
5组:书香组	丁××	于××	常××
6组:书香组	李××	史××	赵××
7组:清泉组	韩××	周××	吴××
8组:天韵组	姚××	谷××	闫××
9组:雏鹰组	唐××	绳××	董××
10组:阅读组	徐××	赵××	朱××

续表

组名	小组长	主持人	汇报人
11组：金雀组	夏××	李××	杜××
12组：金雀组	王××	李××	刘××
13组：春水组	赵××	赵××	樊××
14组：排球组	段××	徐××	王××
15组：启航组	王××	董××	郑××

二、发布任务

1.教师设计任务单

任务单的设计既要服务于文本需要，要有一点难度，又要从学生兴趣出发，适合小组研究。

任务单举例：

（1）创作：在《曼丁之狮》里，主要写了非洲的动物、人们的生活、国王、英雄四部分，请你选择印象最深的人物形象或故事情节进行绘画和思维导图创作。

（2）编写剧本：选择《曼丁之狮》一个故事，编写剧本（以《狼王梦》为例），试着表演。

（3）请为《海蒂》这个故事画出人物关系图，并简要对主要人物进行性格特征分析。

（4）对比读《绿山墙的安妮》，找出两部小说中的景物描写，试着分析为什么《绿山墙的安妮》故事的发生地爱德华王子岛和《海蒂》故事的发生地可尔卑斯山都成为著名的旅游胜地？

学生组成小组。

2.课代表发布任务、通知

（1）教师将任务单发给课代表后，课代表要发给组长。因为任务单通常是二选一、三选一、四选一。那么课代表如何统计各组任务？会遇到什么问题？如何处理？

方法一：如果在学校有时间的话，课代表可以在学校告诉同学们任务，让各组组长自己选择，到正课代表那里汇报。正课代表需将各组选择的任务记下来。有可能会记录有误,所以回家后将每组的任务发在组长群中,以确认无误。如果在统计任务时组长不在,需要回家联系组长。还有就是同学们有记不住任务的情况发生,所以需要每周都把任务发在微信班级群里。

方法二:网上统计。将任务发给组长后,让组长们在组长群里把自己是什么组,要报哪项任务写清楚,组长们依次接龙,接完为止。这样可能会有一些组长没接龙,也需要及时联系组长。另外,还可能有时任务分配不均匀,有的多,有的少,这种情况需要正课代表协调一下任务。

(2)发通知给组长,有什么方法保证组长可以收到?

①发消息给每组组长,如果多次发消息,组长依旧长时间没有回复,那就要给组长打电话了。

②如果还是没有回应,就要通过各种方式通知组长了。如果时间不是特别紧,可以第二天在学校通知组长。

三、校外研讨

1.家长提供场地和技术上的支持

2.制定研讨制度

(1)遵守时间:每位组员都要保证按照计划时间开始、结束,不迟到、不早退。研讨用时:一个半小时以内。

(2)地点固定:有安静、温馨的研讨场所。

(3)准备研讨所需的纸张、彩笔等材料。

(4)集中注意力。

(5)团结友爱:小组有凝聚力、组员互相配合、互相帮助、共同提高。

(6)主动学习:利用现代网络技术工具,查阅不懂的问题。拓展相关知识,查阅后提炼总结。

3.研讨程序

以五(5)班常××组长为例,研讨程序如下。

（1）时间程序

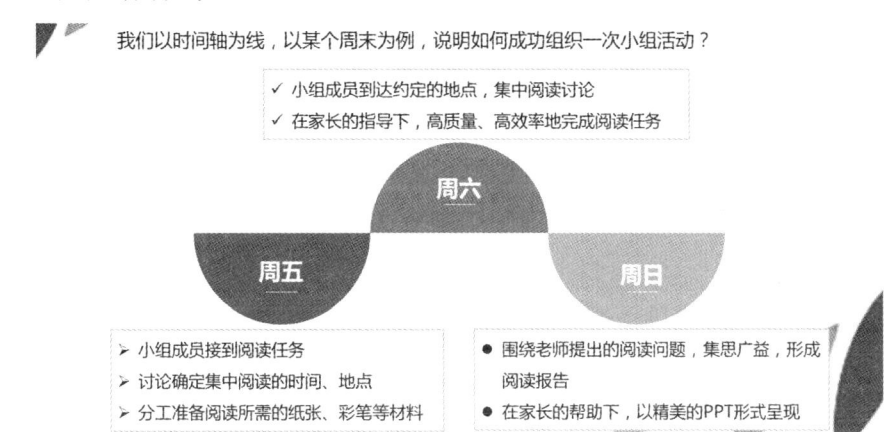

我们以时间轴为线，以某个周末为例，说明如何成功组织一次小组活动？

- 周五
  - 小组成员接到阅读任务
  - 讨论确定集中阅读的时间、地点
  - 分工准备阅读所需的纸张、彩笔等材料
- 周六
  - 小组成员到达约定的地点，集中阅读讨论
  - 在家长的指导下，高质量、高效率地完成阅读任务
- 周日
  - 围绕老师提出的阅读问题，集思广益，形成阅读报告
  - 在家长的帮助下，以精美的PPT形式呈现

（2）具体程序

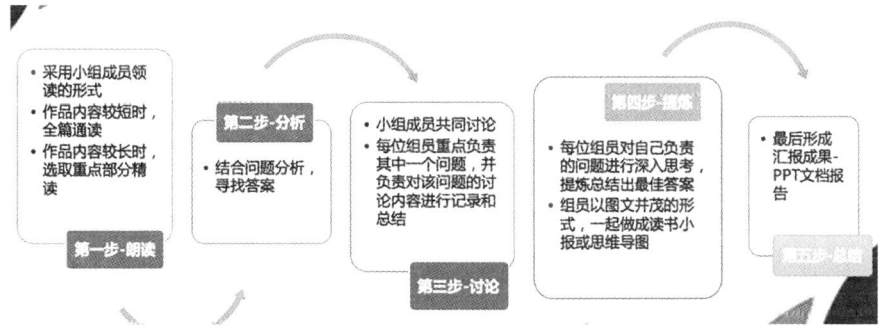

- 第一步-朗读
  - 采用小组成员领读的形式
  - 作品内容较短时，全篇通读
  - 作品内容较长时，选取重点部分精读
- 第二步-分析
  - 结合问题分析，寻找答案
- 第三步-讨论
  - 小组成员共同讨论
  - 每位组员重点负责其中一个问题，并负责对该问题的讨论内容进行记录和总结
- 第四步-提炼
  - 每位组员对自己负责的问题进行深入思考，提炼总结出最佳答案
  - 组以图文并茂的形式，一起做成读书小报或思维导图
- 第五步-总结
  - 最后形成汇报成果-PPT文档报告

四、集中反馈

1.按分组顺序汇报

2.小组具体分工

（1）主持人：负责组织。

A.下面请听我们组汇报。

B.我们组汇报完毕，大家有什么问题或补充吗？

C.请打分。

（2）汇报人：负责汇报，组长和主持人也可以参与汇报，视内容情况而定。

（3）组长：负责解答学生的疑问。

3.评价

每组汇报完后，其他组打分，期末把各组分数累加，根据得分，各组按优

秀、良好、及格、不及格自评成绩，然后汇报成绩，教师和其他学生决定自评成绩。

五、常出现的问题

在活动进行中，会出现有的组或组内学生不积极参与的情况，所以我们用规则改变行为，在加分的同时也扣分。五（1）班的做法值得借鉴。

新规则

1. 当一个小组连续或陆续三次当堂没汇报，每人扣三分。
2. 每个人每一周轮流做PPT（除去特殊情况），每次汇报必须全员参与讨论（除去特殊情况），若有成员没参加扣分，如实汇报。组长在组长群里发截图。
3. 若四次未做PPT，或两次未参加讨论，一律视为未参加小组活动，扣二分。
4. 小组扣分和加分可抵消，期末若扣满3分，评价手册从优秀到良好；扣满5分，从良好到及格；扣满7分从及格到不及格。

六、效果

（1）学生喜欢。五（5）班常××组是这样写的：

六年级学生是这样写的：

（2）阅读成果

学生的阅读成果是特别多的，以常××组为例：

1. 小组成员介绍

　　组长：常××

　　组员：李××、黄××、阙××

2. 阅读作品介绍

　　2020年10月-2021年6月期间，完成了《曼丁之狮》《十二只野天鹅》《梦回红楼之一》《梦回红楼之二》《梦回红楼之三》《周瑜三气丧命》的阅读，完成了六篇文章的PPT报告。

阅读过程和阅读成果部分展示

阅读过程稿

小组讨论

阅读作品

小组合影

《童年》整本书课堂教学实践研究

部编版教材将课外阅读纳入教学体制中，目的是引导学生了解课外阅读的方法，开展课外阅读活动，培养阅读兴趣，扩大阅读量，逐步养成良好的阅读习惯。《童年》是六年级上册教材"快乐读书吧"推荐阅读的书籍。在课堂教学实践中，我聚焦以学生为主体的教学方式，采用任务驱动式、小组合作式、课堂展示等方式，把学生放在正中央。

一、目标引领，关注学生的实际获得

美国学者莫提默·J.艾德勒和查尔斯·范多伦在《如何阅读一本书》中指出：读者面对一部作品，要先自己在心里提出四个要回答的问题，这四个问题贯串所有类型图书的阅读始末，无论读什么样的书籍，都应该问这些问题。1.整体来说，这本书到底在谈什么？2.作者细说了什么？怎么说的？3.这本书内容真实吗？说得有道理吗？是全部有道理，还是部分有道理？4.这本书跟你有什么关系？这究竟有什么意义？[1]这四个问题正是提醒读者去挖掘作品的价值：关注文本内容，赏析作品的写作手法，思辨作者的写作立场，探寻作品与自身、与世界的联系等。学生学完《童年》之后，在阅读后的收获中写道：1.深度了解了19世纪沙俄统治下底层人民的生活状况。2.虽然高尔基的童年是黑暗的，但他仍坚持读书，最终成为大文豪，这种光明面对生活，不被生活的困难打倒和积极乐观的态度，值得我们学习。3.知道了如何待人，如何做一个好人。4.不是所有人的童年都很快乐，一定要珍惜现在的生活，努力学习。5.知道了一种以成人视角和儿童视角写作的方式。6.积累了好词好句……学生从知识的积累，思想的开阔，对待生活的态度上都有了变化，对学生的影响是深远的。

二、任务驱动，推进整本书的深度阅读

有任务的驱动阅读是指每本书的阅读安排相应的阅读任务。《童年》一课任务的安排关注学生个性化发展，设计了开放性的课程内容，并给予学生极大的

自主选择范围。11项任务中，学生每次都是三选一或四选一。因为是自己选的，所以做起来也是兴趣盎然。我们共同完成的任务有：1.展示：不同版本《童年》的封面图片；展示作者画像、作者简介及人们对作者的评价。2.画：为《童年》绘制思维导图。3.画：画一个阿廖沙成长的数轴。4.创作：我最喜欢的人物；他（她）教会了我……我也有过同样的经历。5.创作：为《童年》中的某个人物写小传：阿廖沙、外祖母、外祖父……6.创作：找出阿廖沙的苦与乐，写写你的想法。7.设计：为《童年》设计封面。8.设计：为"高尔基阅读月"活动设计一张《童年》推广海报，向新读者推荐这本书。9.摘要接龙。10.找出典型的人物对话描写、景物描写、比喻句，试着评价这种写作特色。11.推荐：推荐四本书，《童年》是其中的一本，其余三本书，你建议读什么？请写一段话说明你的理由。

在这11项活动中，按学生喜爱程度排在第一位的是第11项，理由是可以了解更多的书籍。第二位是第8项，理由是喜欢画画和创作。排在第三位的是第1项，因为有趣，与其并列的是第2项和第5项，因为喜欢深入读这本书。学生用不同的方式诠释了对本书的理解。从结果来看，学生多次走入文本，采用了精读、跳读、重读等阅读方法将任务完成。

印象深刻的是一位学生为《童年》设计封面。她将一张绘画纸分成了两部分，左边是阳光的，右边是黑暗的。汇报时她说左边代表着外祖母乐观的性格，右边代表外祖父暴躁的性格。其他学生都觉得这幅画很有想象力，而且形象地画出了对人物形象的感受。同时提了非常棒的建议，说如果中间加个外祖母领着阿廖沙的手从黑暗中走向光明就更好了，这个想法得到了学生自发的掌声。

最令我意想不到的是一部分学生喜欢"摘要接龙"，毕竟把13个章节分别用50字写出摘要还是很枯燥的一件事，可还是有好几位同学做了这件事。其中一位同学说他整整用了一天来重读这本书，并做出摘要，做完后，感觉自己的概括能力增强了，还有一些兴奋。这更坚定了我要设计不同任务类型来满足不同学生需要的信念。

三、小组合作，提升解决问题的关键能力

《童年》整本书的学习凸显小组研学，学生组建共读聊天群，线上线下互动讨论，以任务为载体，体现了家、校、网共同的研讨模式。学生喜欢团队合作，因为可以互相分享想法，取长补短；认为合作的乐趣很多，做起任务来不难、

不累，但也出现了意见不同、争执等个别情况。于是我制定了以下内容及规则：1.团队划分。3人一小组，每小组分为小组长、汇报员、主持人。有必要时可组建6人一大组。2.建设组内文化。让学生自己起组名、定口号等，使学生对本组有一种认同感和归属感，树立团结合作的意识。3.明确职责。"小组长"课下主要负责组织、管理、积极参与研讨，发生矛盾及时解决；课上负责答疑解惑。汇报员和主持人课下积极参与研讨，汇报员课上负责读题、汇报，主持人课上负责组织互动交流。课堂汇报展示规则（主持人三语）：起始语：请大家坐好，认真倾听我们组汇报。（汇报员汇报）互动语：大家还有什么补充或质疑吗？（小组长答疑）结束语：感谢大家的更正或补充，我们组汇报完毕，谢谢大家！

小组长带领组员利用晚上、周末时间研讨，积极完成任务，效率高。课上课下的互动调动了学生参与的积极性，提高了学生阅读思维的深度、广度；提升了学生解决问题的能力及交往能力。

从某种角度来看，整本书阅读更像是一个不断扩大的综合实践活动，在阅读与鉴赏、表达与交流、梳理与探究活动中，学生面对真实情境解决问题的关键能力和必备品格得以提高和完善，从而不断提高学生的核心素养。

参考文献：

[1] 莫提默·J.艾德勒，查尔斯·范多伦.如何阅读一本书[M].郝明义，朱衣，译.商务印书馆，2014.

下篇 快乐成长

降半旗

三（8）班有个大姑娘小张，她胖胖的圆脸，胖胖的身材，虽然是三年级的学生，但个子特别高，坐在教室里最后一排。

第一次上课，我就注意到了她的与众不同。已经上课了，她在教室座位间走来走去，一会儿还走到了教室外面的楼道中，让人诧异的是其他学生无动于衷，很显然，已经见怪不怪了。但我不！

下课了，我找到小张，和她的对话过程中，我发现她听得懂我说的话，也能和我正常对话，可能在学习上有些跟不上吧。

在对话的结尾，我说："小张，老师不允许你在学生座位间走来走去，更不允许你到教室外面去。周老师觉得你应该和别的同学一样，而且周老师也觉得你能做到，你说呢？"

"老师，我能做到。"小张说得斩钉截铁。

我回到办公室，刚一说起小张，同事们不约而同地笑起来。"知道知道，上次学校国旗降到半旗，大家都一头雾水，后来才知道是小张干的。"

我摇了摇头，笑了。

又上二（8）班的课，我和学生们约定，如果小张能在这节课不下座位，我们就给她鼓鼓掌。

同学们想必也是为了不被打扰，都同意。

意想不到，小张做到了整节课没下座位！

刚一下课，她第一个跑到我身边来："老师，老师，我今天没下座位！"

我大声问同学们："可以给小张鼓鼓掌吗？"同学们异口同声："可以！"掌声充满整个教室。

以后每次小张表现很好，同学们自发地为她鼓掌。

我不教三（8）班了，可小张每次看到我，都远远地跑过来，大声叫："周老师好！"然后深深地鞠上一躬。

相信，真的是一种伟大的力量！

磕头

某日正好经过学校一层大厅，三（6）班刚上完体育课的学生看到了我，马上把我围住，曾是班里最让人头疼的小张首先开口："周老师，您什么时候再教我们啊？"

还没等我回答，男生小李突然跪在地上，冲我磕了一个头，把我吓了一跳，赶快让他起来。

旁边打扫卫生的阿姨见到了，哈哈哈地笑起来，可能也是觉得这种做法比较突兀吧！

这就是孩子的特点，表达直接，心里想什么就做什么。

三（6）班是我上学期教的学生，这学期由于工作需要，不再教他们了。

这班让人头疼的孩子很多，主要集中在几个男生身上，小张、小李、小邓、小孟等。我在值中午饭班时，小张和小李打了起来。我了解双方的情况，又从看到的同学那了解情况后，知道问题主要出在小张身上。我单独和小张谈，小张只说他的道理，我几次从小李的角度说想法，他都不听。

让全班同学评评理！班里同学分析得头头是道，小张也不得不承认主要是他的问题，小李也露出了满意的笑容。

小张是个官迷，我让小张做中午饭班的管理员。小张是个非常负责任的小干部，他把班里纪律管得好好的，同学们都盛好饭菜了，他才默默地最后吃饭。别的同学打架了，他还能主动劝架，帮助老师解决问题。虽然他也有方法不当的时候，经过我的指点他也知道了解决问题的方法。

作为老师，我们面对的琐碎事很多，但就像大禹治水一样，各种事疏通好了，大家就会在和谐的氛围中快乐生活。

学习搭档

二（4）班的小王下课后拉着我的手，眼泪汪汪地说："老师，我想和您谈个事。"

小王的这种认真的状态顿时让我好奇心拉满，因为小王平时就是一副"躺平"的状态，比如老师讲课时，他比老师还忙，桌上的东西要玩个遍。当你让他桌上只留一本书，他也游离在课外，若想让小王动笔写字更是势比登天。

楼道里比较乱，我把小王叫到办公室，让他和我好好说说。

"老师，我已经做得很好了，可是小张说不和我做好朋友了。"可能觉得委屈，小王眼泪流了下来。

我赶快把纸巾递给他，说："哦，那你能跟老师说说你做什么已经做得很好了？为什么小张不和你做好朋友了？"

小王一边抹眼泪一边说："您让我和小张做学习搭档，就因为我今天'看拼音写词语'错了几个字，小张就不和我好了，可是我已经很努力了。"说到这儿，小王呜呜地哭起来。

"那你昨天练习了吗？"我追问道。

"练习了，练了好几遍呢！可是我还是错了几个，我已经很努力了。我在这个学校就小张一个朋友，如果他不和我做朋友，我就没有朋友了。呜呜呜……"小王又哭了起来"

"好的，老师明白了。小王，其实老师也正想找你谈谈呢！"

小王止住了哭声，瞪着大大的眼睛看着我。

"老师找你，是想给你点个大大的赞！老师真为你高兴，这次'看拼音写词语'，你的进步是全班最大的！"

"是吧，老师！我真的努力了。"小王特别认真地说。

"嗯嗯，只要功夫深，铁杵磨成针！你的努力没有白费，之前你就只能写出一两个词，还是错的，可是今天你写对了那么多，只错了几个，真的很棒了！"

"老师，我知道我还得努力，下回争取一个都不错。"

"老师相信你！等你全对了，老师给你发奖状！老师去找小张谈谈，你们是最好的学习搭档，不能因为一点小事就不是好朋友了。"

"好，谢谢老师，老师再见！"

"学习搭档"，是我在班里搞的"一帮一"活动。这个方法对于低成就的学生更为有益，学习搭档会一起体验成功的感觉，愿意共同承担风险。每个搭档的学生都扮演既是老师又是学生，既是辅导者又是被辅导者的角色。

小张同学学习成绩中上，是个人缘好、学习认真、责任心很强的学生，他和小王前后桌，让他们做学习搭档再好不过。

我找到小张同学，首先对他提出表扬，因为在他的帮助下，小王进步最大。然后和他交流了小王这次"看拼音写词语"的问题，特别是就如何帮助小王"更上一层楼"，又提出了自己的建议。小张高高兴兴地接受，不好意思地表示对小王同学要求高了。

有研究表明，孩子越小，学习动机就越依赖于外部的鼓励。所以来自家长、老师，特别是同学的鼓励还是很重要的。在上面的案例中，小王同学能够进步，是他的学习搭档小张同学起到重要的作用。

对于小王这样的学生，其实在学校并不少见，他们由于成绩落后，往往对学习没有什么信心和期待。要想让他们有所进步，首先就要帮助他们树立积极向上的心态。比如这次错7个，觉得我行，我有潜力，下次就有信心向着全对冲刺，进步就是自然而然的事儿了。

俗话说得好，"冰冻三尺非一日之寒"。小王同学这种局面的造成，肯定非一朝一夕。那么问题的解决，就不能贪多求快，所以，对于小王同学，要小步子走路，耐心引导他成长。每天进步一点点，听起来好像没有冲天的气魄，可细细琢磨一下，每天进步一点点，它只是在沉默中创造了一个意想不到的奇迹。因为进步就是在向前走，就是今天比昨天强，就是对现状有所突破，相信每天不懈怠地努力，终会守得云开见月明。

打群架的学生

"周老师，咱班学生和初中的学生打起来了！"

这是我刚接手的六（1）班。这个班从五年级开始就打群架了，今天竟然和初中生打起来了，胆太大了！

幸好打架的初中生里有几个我认识，说说就散了。如何让孩子们不再打架了？道理，讲了！家长，请了！还有什么招吗？

无意中，看到电视中的篮球赛，何不让这些半大小子把身上的劲用到正道呢？

我是学生时，也是篮球校队的。我开始教他们打篮球，从运球、传球、接球，到三步跨栏投球，我和孩子们一起练习。

没想到，这批孩子悟性极高，教什么会什么，还勤学苦练。他们体育课练，放学练，我们在三楼上课，课间休息仅有的十分钟他们也要跑到一楼操场上投几个篮球再上来。

我开始组织他们打比赛，先是使用半个场地比赛，然后就是打全场。接着我开始给他们约球了，和其他三个班打比赛，和初中学生打比赛，他们所向披靡。

这真是令人振奋啊！只是，自从打篮球后，再也没有听说他们打架了。

如果能把这种勤奋、勇往直前的劲头用在学习上多好啊！我经常求教他们，咱们怎么帮助后进生啊？班里的男生小秦同学脑子不太好使，说话也不利索，但是人缘极好，这时就有两个男生主动请缨。我还和他们商量：咱们怎么复习啊？他们会把复习的时间，自己的作息时间一一安排出来。老师和学生心往一处想，劲往一处使，我们的成绩上了天。先是在全镇30多个班里脱颖而出，然后又在区里六年级毕业考试中名列前茅。

一开始我的初衷是那么简单，只是让孩子们不再打架，没想到收获了那么多。孩子们的身体更强壮了，更勇敢顽强了，更团结协作了。真是有心栽花花不开，无心插柳柳成荫啊！

我也让你背不下来

五（6）班的小耿同学在五年级办公室可谓大名鼎鼎，因为他总背不下来黄老师留的背诵作业，所以经常被黄老师请到办公室背书。

小耿同学可静不下心来背书，背不下来时他就会在办公室里嗷嗷地叫唤，嘴里还不停地说着："我就是背不下来啊，你干吗让我背呀？"这带着哭腔的声音搅得办公室里的老师心烦意乱，有一位老师说的大家都认同："好像玻璃碴子划在玻璃板上的声音。"

某日课间，黄老师主动谈起小耿同学。一说小耿，我们都竖起耳朵听。黄老师说："班里让同桌互相检查背诵，小耿和一位女生互查。小耿先背，可是背得磕巴。女生毫不留情地说：'你没背下来。'耿同学反击：'你说我没背下来，我也让你背不下来！'女生笑：'我上别人那背去。'转身走了。留下呆若木鸡的小耿，哇地哭上了。"

黄老师问清缘由后，说你给我背一下吧，耿同学背出一句话，就再也想不起下一句了。黄老师判定耿同学没背下来。

就是这样的一个小耿同学，看得出，黄老师一开始是无奈的，但我慢慢发现其实黄老师最喜欢小耿。

小耿同学虽吵闹但说话还蛮机灵，虽爱哭但哄一哄就没事了。黄老师给予他极大的耐心。小耿同学曾公然在同学面前说："黄老师最喜欢我！"

小耿同学到办公室的次数不知不觉地少了。

黄老师偶尔打趣道："我们小耿同学以前那个样子，今后可看不到了哦。"

确实，最近已经很久没看到小耿来办公室了，原来这小子进步如此之快啊……

老师，我的书丢了

今天上课前，我的课代表小鲁告诉我，上课前她的书还在，就在刚才，她的书不见了。我灵机一动，让小鲁先听课。

今天学的是洪汛涛先生的作品《大奖章》，讲的是在广阔的森林中举行一场运动会，小驴本可以取得大奖章，可是由于他骄傲自大，半路贪玩，丢失了大奖章。小熊和小猪勤学苦练，互相帮助，最后拿到了大奖章。

学完故事后，我问学生："你对这个故事中的哪个情节印象最深刻？"

生1："小猪和小熊勤学苦练，他们这种勤奋我应该学习。"

生2："小熊背着小猪跑，一起冲向终点，他们互相帮助，让我印象深刻。"

生3："'拍照'那段印象深刻。小猪和小熊合影时，也叫正在惭愧的小驴合影，我觉得他们懂得分享。"

我补充："小驴虽然骄傲，但小猪、小熊也愿意和他合影，说明他们是允许别人犯错误的，只要小驴改了就好。今天咱班有个同学的书丢了，但是她在这节课中的坐姿自始至终都是最好的，她就是小鲁。如果谁在课间拿了她的书，可以悄悄还给她，改正错误还是好孩子！"

下课铃声响了，当我和班主任谈事的时候，一个学生悄悄告诉我：那位同学把书还给小鲁了。

作为老师，像这样的事时有发生，但如何处理，就各有千秋了。我觉得让学生自己顿悟，用行动改正，是最好不过的了。

画"小人"

养成教育是一项长期而复杂的工作，培养任何一种良好的习惯，都需要科学的方法，才能更快地达到目的。

针灸时，医师如果没有摸准穴位就随便给人扎针，不仅无法得到好的治疗效果，反而可能给病人增加痛苦。习惯养成的过程中，"突破口"如同针灸中的穴位，找准了它，好习惯的养成指日可待。

研究发现，强调孩子的长处会让他们更健康、更快乐。用孩子的长处作为"突破口"，让孩子全神贯注于他喜欢做的事，他们会忘记周围发生的事情。这件喜欢做的事取得了成绩，孩子更有自信了，也会带动其他方面的发展。每个人都是独立的个体，每个孩子的年龄、成长环境、心理特点、性格等千差万别，其感兴趣的"点"也不一样，突破口也就有所区别。

我教过的学生小李是个让老师发疯的孩子。当时我在小学高部任教，小李刚从低部升到四年级，从教过他的老师，以及同年级的学生的口中，知道他是大名鼎鼎办公室里的常客。因为他经常在班里惹事，所以老师经常要找他谈心。他是学生眼中特殊的存在，因为老师让干什么他不干什么。

是的，作业——不完成，纪律——不遵守，家长——不配合。小李是三代单传，家里对他管教很宽松，甚至他拿过班里90%学生的学习用品，家长也不以为意。

无意中我发现小李对画"小人"感兴趣，他画出的"小人"都穿着铠甲，像变形金刚，但人物和人物之间又有区别。小李能把这些人物串联起来，让他们完成一项任务，很显然，是有完整故事情节的。

经过调查，我知道小李在低年级时上课常常不听讲，画"小人"。到了高部，语文课还好，其他课上他也不停地在画。

我抓住时机，让小李在班会课上展示了他的作品，并加以鼓励，也对他提出要求：上课不要画。

小李在同学面前有了自信。他有时会帮助同学，比如运动会前给即将参加比赛的同学指导应该怎样起跑。有时会劝心情不好的同学，做各种鬼脸，让他们破涕为笑。

小李开学初的成绩是班里倒数，可在一次期末统考中，他在全年级300多名学生中脱颖而出，考了年级第25名。

因为每个孩子的性格、兴趣都不一样，找到了孩子的兴趣和长处所在，能帮助孩子扬长避短，养成种种有益的习惯。

所以我们可以按下面两点去做。

1.帮助孩子了解自己

让孩子了解自己的一个重要方法就是明确其优势，扬长避短。要用商量的语气跟孩子讨论自己的长处，创造条件鼓励孩子为之付出努力。

2.辅之以必要的训练

习惯养成毕竟是具体行为的体现，因此，需要进行必要的训练。父母师长的作用是提醒和鼓励。

爱哭的女生

二（4）班女生小雪是个漂亮的女孩子，白净的脸庞，大大的眼睛，平时梳个长长的马尾，看上去特别文静。

有天晚上，小雪妈妈给我打电话，说小雪哭个不停，问什么都不说，所以问问我在学校发生了什么事？我回忆没有什么事啊？我让家长把电话递给小雪。

"雪，怎么哭了？发生了什么事能和老师说说吗？"

电话那头还在轻声哭泣，但没有回答我。

"雪，老师只有知道发生什么事了，才能帮助你解决事情，对不对？"

小雪还是哭。

"雪，是不是课间和同学发生不愉快了呢？你可以和老师说一说，说出来你就不难受了。"

"老师，咱班××说我读书不好。"

终于说话了，我暗自高兴。

"哦，那你觉得你读得怎么样呢？"

"不好。"

"那老师教你怎么读，好吗？你现在去拿语文书。"

我一句一句地教小雪怎样把书读好。

小雪不哭了。

之后，小雪又哭过几次，在学校她很少哭，都是在家里。我们总是一个在电话这头，一个在电话那头。小雪的情绪从哭诉到平静，渐渐地，通电话的次数越来越少了。

处理小雪比较爱哭的过程，我慢慢地发现她比较敏感，可能别的学生觉得不是事的事，她却当成了天大的事。

对于像小雪这样的学生，我们要关注她们的情绪，孩子偏执的过程中，必然会有负面的情绪，伴随哭闹，这种哭闹是孩子想要成长的表现，家长、老师要能够接纳这些负面的情绪。

另外,要给孩子足够的时间平复情绪。引导孩子停止哭泣,把问题说出来。告诉她不要一有事就以哭声来表达不满,同时要给她充分的时间稳定情绪。

更重要的是引导孩子建立积极向上的心态。遇到难以决断的事情要和孩子一起分析,帮助她做出比较正确的选择,引导孩子多往积极的方向考虑。时间久了,就会形成积极思维的习惯,从而保持良好的心态。

哭是人类天然的情绪之一,学生的哭有它正面的意义,加以正确引导,能够提高学生的自信,使学生善于自我认可,慢慢产生成就感,也就不那么爱哭了。

父与子

由于疫情原因，从今天开始，小区只进不出。饭后，我在飘窗喝茶，看向窗外，有一对父子俩人正在跳绳。

这对父子有时一起跳同一根绳；有时儿子跳，父亲看着；有时父亲跳，儿子拿起绳子的一头抢着玩。风一吹，把树叶吹得飘起来，儿子追着树叶跑，父亲看着儿子跑过来跑过去，呵呵笑着。

这时，想起德国著名漫画家埃·奥·卜劳恩（E. O. Plauen）的《父与子》漫画，学生都非常喜欢。主要讲的是父子二人在生活中所发生的一些事情，作者把它们编成了一个个生动有趣的小漫画来展示。漫画中的儿子如现实中的孩子一样天真可爱，调皮活泼，对一切充满好奇，故事里的父亲却与我们熟悉的成熟、稳重、威严这样的父亲形象完全相反，漫画里的父亲就是一个大孩子，他智慧又幽默，天真又慈爱，还有点小虚荣，有点小迷糊，做些无伤大雅的恶作剧。

我国著名儿童文学作家郑春华的作品《大头儿子和小头爸爸》，讲述了聪明可爱的大头儿子和小头爸爸、围裙妈妈住在模范和谐小区——幸福小区。大头儿子是一个充满了好奇心和探索欲的孩子，而小头爸爸是他的导师和玩伴，父子二人经常一起沉浸在游戏世界里。

无论是国外的作品《父与子》，还是国内的作品《大头儿子和小头爸爸》，以及今天看到的这对父子，都在告诉家长：最好的养育方式是高质量的亲子陪伴。

礼

孔子说:"人无礼则不生,事无礼则不成,国无礼则不守。"意思是人没有礼义就不能生存,做事情不讲礼义,事情就办不成,国家没有礼义就不得安宁。传统文化中的"礼"影响着一辈又一辈中华儿女。

这是一张民国时期的照片:一小孩在学校过道上给老师鞠躬问好,老师也给小孩鞠躬,且把腰弯至90°。

现今,我所在学校每天早上都会有老师在门口迎接学生,由于是新建校,学生与老师是陌生的,学生进入校园前见到老师明显有些不知所措,这时,老师们会微笑说:"早上好!"学生或敬礼或点头小声说:"老师好!"

清晨的阳光洒下来,照到老师、学生以礼相待的画面,成为学校的一道风景线。

网上看到在校园中学生向老师主动问好,老师也许心中有急事,草草走过,被个别网友称之为"冷漠"。学生见到老师说一声"老师好!"是礼节,对有些不善言谈的学生来说也是一种勇气,更是学生心中对老师外显的敬意,老师们应小心呵护才好。

细节决定品质

张校长在全校第二次全体教师会上说:"细节决定品质"。他如此践行。

学校的第一次小学生升旗后,张校长旗下讲话,他没有长篇大论劝学、劝珍惜光阴,劝懂礼,只做了两件事,让学生转身向国旗下的升旗手赵老师鼓掌表示感谢!让站在后面的老师走到学生前面,对全体学生说:"教师节到了,让我们鞠躬对老师表示敬意。"学生向老师鞠躬。

如果给这次升旗起个主题,我愿叫"感恩"。虽然在这次升旗中没听到这个词,但学生已经在校长的带领下用行为表达。张校长善于抓住教育的契机,用行动表达感恩,这种细节让人印象深刻!

一个老师最难做到的事情,并非获得多高的职称,多大的荣誉,而是如何做到对人性充分的关注、理解和呵护,并几十年如一日在"琐细"的工作中为每一个孩子的未来累积美好的态度、习惯。

作为老师,我们关注细节,学生在老师教育的智慧中成长,不是一种幸福吗?

耐心

二（2）班有个小男孩上课后，在别人认真读书时，他不但不看书，手里还不停地摆弄着桌子上的几张小纸片、笔、橡皮等。

我轻轻走到他身边，凑近他耳边说："请把没用的东西收起来，桌上只留一本书。"看他开始动手整理，我悄无声息地走了。

过了一会儿，我看向他，他已举起书，但没读，我走近一看，桌上还有零散的东西，我再次悄声提醒："把这些东西放起来，把书翻到××页。"看他收拾，我走了。

再次看向他时，他虽然举着书，但还在东张西望。我又一次走近他，帮他把书翻到××页，指着读的那一行轻声说："在这儿。"

这次以后，他跟上了，一直跟着看书到下课。

第二天一大早排队入校时，在队伍中，一个声音向我问好："校本阅读老师好！"我一看，正是昨天那个学生。我点头回答："你好。"

应该关注每一个学生，我一直对自己这样说。学生改正一个缺点需要过程，要有耐心。也许他已经知道错了，但行动要缓慢一点，我们何必着急，给别人一次的，多给他几次就好了。他知道你对他好了，自然亲其师，信其道，下次兴许变得更好了呢！

亲子协议

李老师学过心理,所以处理问题的方式真的不一样,她今天帮助学生和家长签了一份亲子协议。这是怎么回事呢?

李老师班的小宇同学最近几天都没来上学,经李老师几番解劝,终于来上学了,可是整天没精打采,对什么都没有兴趣,学习下降得很快。

李老师从小宇及家长双方了解到,因为小宇妈妈最近给他生了个弟弟,小宇不喜欢这个弟弟,又因为妈妈把爱都给了弟弟,没时间关心他了,他心里对家长的意见特别大,而他的反抗方式就是不上学。

李老师今天把家长也叫到学校,问了问他们双方都有什么需求后,就征求他们的意见,是否可以签一份"亲子协议"?这母子俩都同意。协议内容如下。

协议书

甲方(家长):(身份证号)

乙方(孩子):(身份证号)

甲、乙双方本着自愿、平等、公平、诚实、信用的原则,经友好协商,签订本协议,由双方共同遵守。

第一条　甲方不能只管弟弟,要多关心乙方的饮食起居和学习。

第二条　甲方要抽出时间陪乙方,周末有时间安排外出游玩,放松心情。

第三条　乙方应及时向甲方反映学习和作业情况等,每周汇报不少于一次。

第四条　乙方不能不上学,课上要专心听讲,课下认真完成家庭作业。

第五条　双方在晚饭后一起聊一聊,加强交流沟通,互相体谅。

第六条　本协议一式两份,甲、乙双方各执一份,本协议至签字之日起立即生效。

甲方(家长)　　乙方(孩子)

年　月　日

亲子协议签好后，小宇再也没有发生过没上学的事情了，课上听讲也专注了。

相信很多家长面临过这样的情况，当自己给孩子讲道理，指出他们的一些不良习惯和缺点，希望孩子有所改观时，可孩子左耳朵进右耳朵出，完全不把父母的话记在心间。

2002年北京的家庭教育指导行动培训会上，第一次提出了协议式教育的理念。专家们针对大多数家长呕心沥血地教育孩子，却被孩子们厌烦的情况，提出了"协议式教育"的家庭教育新理念。协议式教育主张父母与子女之间建立协议，要求父母和孩子分别承担各自应尽的职责，通过协议来拉近父母与孩子间的交流，特别是建立平等的关系。

亲子协议也是一种教育的智慧。但是，世界上没有两片相同的叶子，于任何事情都要因人而异。亲子协议也要针对各个家庭的具体情况具体分析。对于年龄较小的儿童或少年来说，要求不能太高，条款明确、职责分明。同时也要在心中形成孩子毕竟是孩子的定理，在协议开始后，家长还是要监督孩子履约。再有，事物在发展，协议也要根据实际情况，要不断修改约定的内容。

"亲子协议"，不失为亲子沟通的一种途径。

家长会
——低年级语文学习习惯的培养

开学一个月了,学校组织开家长会。作为二(4)班的语文老师,该对家长说些什么呢?我着重强调了以下四点。

一、培养学生认真书写的习惯

请家长每天关注孩子的书写情况。中国人有"字乃人之衣冠"的说法。学习正确、规范地书写,是小学生语文学习的基本任务之一,培养孩子良好的书写习惯要从小抓起。建议每周给孩子安排一次练字时间,每次不少于30分钟。语文课每周会安排一次硬笔书法展示活动,让孩子们互相学习,共同进步。

二、培养孩子读课外书的习惯

书作为知识的源泉,是开发孩子智慧的钥匙。读书能开阔视野,能陶冶性情。作为低年级学生,培养阅读兴趣,养成良好的阅读习惯尤为重要。建议建立家庭书架;建议家长和孩子们一起读书;建议周末家长带孩子去图书馆或书店;建议关注孩子每天读书的习惯。语文课每周开展一次"好书推荐"活动,孩子们互相分享自己喜爱的书籍,从而引导孩子拓展阅读,激发孩子主动读书的习惯。

三、培养孩子积累古诗的习惯

古诗词是我国优秀文化的瑰宝,虽然短小精悍却蕴含着深刻的哲理和丰富的情感。它可以增加知识积累,可以培养孩子的审美情趣和能力,可以传承优秀的传统美德。语文课每周会学一首古诗,孩子每周积累一首古诗。

四、培养学生每天完成作业的习惯。

请家长每天关注孩子作业的完成情况。孩子应该每天按时按质完成作业,养成习惯后，到了中高年级或更高年级，虽然知识难度加大了，但是家长们不用过多督促，孩子也能完成。可一旦养成不完成作业或作业拖延的习惯，今后要花更大的力气来弥补。

学习的过程是积累的过程，是养成学习习惯的过程，凡事最怕"坚持"二字，每日精进，无有不成。

老师为什么不亲自教她的儿子

孟子有一个学生，叫公孙丑，有一日问道："君子为什么不亲自教他的儿子？"孟子答道："办不到。教他必用正道。教了不听，必要怒。怒了便伤了父子的感情。万一儿子想着父亲教我的，他自己也还没有做到，这更是彼此互相责备，更坏了。所以古人用交换法把自己的儿子请别人教，反替别人教他的儿子呵。"照此看来，圣如孔子、贤如孟子，尚且不敢用家庭教育，何况平常人呢？

在现实中，学校王老师就极其反对把儿子放在自己任教的班级，甚至都不愿意教儿子所在的年级。理由是：管不了。

教过几位老师的子女，我觉得理由大致有以下两点。

第一，教自己的子女，很容易混淆角色。

教学生的时候，我就是教师角色。可是这班里还有一个学生是我儿子，怎么办？别的孩子错了题，可以耐心讲解，可一遇到自己的孩子错了题，就会想：那么多孩子都对了，你是我儿子，你为什么会做错呢？

别人的孩子是按照工作上的标准来对待，教自己的孩子，不能理性对待。一旦发生战火，有可能会从教室延续到家里。

第二，孩子也不愿意在父母班里。

比如上课提问，回答对了，别的同学会得到表扬，自己的孩子回答对了，是应该的，没有表扬。表扬了，其他同学说你父母就是偏向你。比别的同学得到表扬少，批评多，这不公平啊。学生还动不动就取笑你，你看你父母字写得多好，朗读得多好，你们的差距太大了。

但我也遇到一位张老师，她颇有教低年级儿童的经验，自己的女儿在任教班级。她的女儿资质不是很高，但在这个班很快乐！这肯定不是由于张老师的偏向，而是她擅于和女儿沟通，和学生打成一片。

宝箭

春秋战国时代，一位父亲和他的儿子出征打仗。父亲已做了将军，儿子还只是马前卒。又一阵号角吹响，战鼓雷鸣了，父亲庄严地托起一个箭囊，其中插着一支箭。父亲郑重对儿子说："这是家袭宝箭，佩带身边，力量无穷，但千万不可抽出来。"

那是一个极其精美的箭囊，厚牛皮打制，镶着幽幽泛光的铜边儿，再看露出的箭尾，一眼便能认定是用上等的孔雀羽毛制作的。儿子喜上眉梢，贪婪地推想箭杆、箭头的模样，耳旁仿佛"嗖嗖"的箭声掠过，敌方的主帅应声折马而毙。

果然，佩带宝箭的儿子英勇非凡，所向披靡。当鸣金收兵的号角吹响时，儿子再也禁不住得胜的豪气，完全背弃了父亲的叮嘱，强烈的欲望驱赶着他"呼"的一声拔出宝箭，试图看个究竟。骤然间他惊呆了。

一支断箭，箭囊里装着一支折断的箭。我一直挎着支断箭打仗啊！儿子吓出了一身冷汗，仿佛顷刻间失去支柱的房子，轰然意志坍塌了。结果不言自明，儿子惨死于乱军之中。

拂开蒙蒙的硝烟，父亲捡起那柄断箭，沉重地叹了一口气道："不相信自己的意志，永远也做不成将军。"

这个故事告诉我们自己才是一支箭，若要它坚韧，若要它锋利，若要它百步穿杨，百发百中，拯救它的只能是自己。

我们要相信每个孩子都蕴藏着巨大的潜力。要经常性地鼓励孩子，给孩子充分的肯定，相信自己真的可以做得到，用坚定代替那些对自己的怀疑和不确定。除此之外，还应该多给孩子实践的机会，让孩子有充足的实际体验感，他才会对自己所做的事情有一个更加深刻的认知。自信的孩子更愿意去挑战生活中很多看起来不可能的事，更容易带给别人力量，带给自己安全感。这样，孩子才不会畏惧外界环境的变化，这就是自信的力量。

曾国藩和小偷

  有人说：我是太无能了，不能创造，但是鲁钝的曾参传了孔子的道统。不识字的慧能，传了黄梅的教义。慧能说："下下人有上上智。"我们岂可以自暴自弃呀！可见无能也是借口。蚕吃桑叶，尚能吐丝，难道我们天天吃白米饭，除造粪之外，便一无贡献吗？

——陶行知

  随着年龄的增长，我教的学生慢慢长大、工作了，我发现发展好的往往不是当时班里成绩最好的，那些更有韧劲的学生后劲更足。这让我不由得想起晚清名臣曾国藩。

  曾国藩的天资并不出色。他从14岁参加县试前后考了7次，到了20多岁才考上秀才。和同时代那些大咖相比他的才华相当平庸，用迟钝说他一点不为过。"曾国藩和小偷"的故事读起来会让人哑然失笑。

  有一次一个小偷悄悄地潜入曾国藩的家，本来想偷东西，不过正巧赶上了曾国藩从学堂上回来，于是小偷就躲在暗处，想的等曾国藩休息入睡之后再出来行窃。那天老师给曾国藩留下来的任务是背诵一篇文章，曾国藩却迟迟背不下来。

  这下可急坏了长时间等待的小偷，要知道曾国藩如果背不下来他可就没办法行动。到最后，小偷终于忍不了了，跳了出来当着曾国藩的面背诵了一遍曾国藩刚才一直在读的文章，并且斥责他背书太慢，然后就骂骂咧咧地逃之夭夭了。曾国藩哭笑不得，既为自己居然连一个小偷的背诵速度都不如而感慨，也为这件无厘头的事情感到可笑。

  后来，曾国藩做了官，还再一次遇见了当年嘲讽他的这个小偷。起因是这个小偷偷一户人家的钱财，结果被人家抓个正着，抓到了曾国藩面前，想让曾国藩帮忙定罪。曾国藩觉得这个人看起来好像在哪里见过，仔细一想，记起来是当时讽刺他的那个小偷，曾国藩感到很奇怪，就疑惑地问这个小偷：为什么你的背诵速度这么快，本来应该有很光明的前途的，你看看我，有这么笨的一个脑袋，现在都做地方官员了，你怎么还在做这种偷偷摸摸的行当？小偷这回无话可说了。

笑过之余，再来看看曾国藩后来取得的成就。比如创建湘军，剿灭"太平天国"，开展洋务运动等。但仔细品读他的人生你会发现这些成就其实就得益于他那股子"笨"劲。

我们要相信，每一个学生的潜能都是无限的，我们多关注，常发现，勤鼓励，没准天才就在不知不觉中产生了呢！

垂钓

《论语》中说:"弟子入则孝,出则弟,谨而信,泛爱众,而亲仁。行有余力,则以学文"。儒家思想认为教育首先是要培养孩子的品格和情操(孝、悌、信、爱、仁)。有一个关于诚实的案例我一直记得。

钓鲈鱼竞赛的前一天,男孩和他的父亲在黄昏时就出发了,男孩在钓钩上系了一个小小的银色诱饵,不断练习着,向远处抛掷。

突然,他的鱼竿弯拢下来,他知道钓到大家伙了。父亲在一旁用赞赏的目光打量着儿子。男孩灵巧熟练地跟那条挣扎着的大鱼周旋着,最终,他谨慎小心地把筋疲力尽的鱼提出水面。这是一条他从未见过的大鲈鱼。

父亲点燃了一根火柴,看了看手表,那时正好是晚上10点。他看了看那条鱼,再看了看男孩,说道:"你得把它放回去,儿子。""爸爸!"男孩大声叫道。"我们还可以钓到其他鲈鱼的。"父亲说道。

尽管没有人看见他们,也没有人知道他们是何时捕到那条鱼的,但在父亲威严的语气下,小男孩还是慢慢掰开大鲈鱼的嘴巴拔掉鱼钩,然后将它放入水中。

后来,当年的男孩儿成了纽约市一名成功的设计师。设计师有时还会带着自己的儿子去那里垂钓,但他再没钓到过那么大的鲈鱼。然而,每当他面临道德准则的问题时,那条大鱼就会浮现在他眼前……

在孩子的心中,钓上来的大鲈鱼是一种诱惑,它是孩子辛辛苦苦钓上来的,可能之后就钓不到这么大的鲈鱼了,如果放掉多么可惜、多么心疼。

在道德准则面前,孩子做出了正确的选择。这时的选择就会深深扎根在孩子心中,以后遇到同样的事也会做出正确的选择。

教育无小事,事关孩子未来。

知之者不如好之者，好之者不如乐之者

诺贝尔物理学奖获得者杨振宁曾有这样一件往事：有一次杨振宁教授回自己母校，他看到学校门口挂着一副对联，上写着"书山有路勤为径，学海无涯苦作舟"，他告诉校方人员希望把它拿下来。

他说，我们的教育，很多时候坏就坏在这副对联上。

随后，杨振宁教授重新题了一副"书山有路勤为径，学海无涯乐作舟"，将"苦"改了"乐"。

早在一千多年前，孔子就发出了同样的感慨："知之者不如好之者，好之者不如乐之者。"这也再次说明了，以不同观点去培养孩子的学习能力，结果是大相径庭的！而一旦基本观点出错，"痛苦"就会逐渐成为学习的代名词。

那么如何让学生乐学呢？我觉得以下两点最为关键。

首先，让学生从小培养爱国情怀，养成人生大格局。曾经，教书先生问小时候的周恩来"为什么而读书"的时候，他说"为中华之崛起而读书"。梁启超先生爱国思想归纳为"天下兴亡，匹夫有责"八个大字。意思是说民族的存亡，是每一个公民的责任。在一次次的大灾大难面前，又一次次证实了只有国家安定，人民才会幸福安康。所以我们要从小培养孩子们的爱国情怀，这样才能逐渐养成人生的人格局。

其次，科学的学习方法。提高效率方面：正确的学习态度、学习方法。只要从现在把学习态度转变了，课上专注，把老师教的学牢了，当然就简单了，成绩就会提高。每个人的基础不同，学习态度不同，采用的方法也就不同。要根据自己的特点选择适合的方法，就可以取得进步。

小学阶段，如果正确引导，孩子也许会成为一个终身学习者，每当他因为学习而获益，这种感受又会再次强化他对学习的喜爱；但如果引导不当，孩子就会对学习形成抵抗心理，把学习和痛苦的感受联系在了一起，那他未来面对

学习时很有可能会选择逃避。道理很简单：生物体都有趋利避害的倾向。进一步地说，我们都在追求快乐，而避免痛苦。快乐才是学习持续不断的动力源，而痛苦引发的动力是短暂的。

海马的焦虑

小海马有一天做了一个梦,梦见自己拥有了七座金山。

从美梦中醒来,小海马觉得这个梦是一个神秘的启示:它现在全部的财富是七枚金币,但总有一天,这七枚金币会变成七座金山。

于是它毅然决然地离开了自己的家,带着仅有的七枚金币,去寻找梦中的七座金山,虽然它并不知道七座金山到底在哪里。

海马是竖着身子游动的,游得很缓慢。它在大海里艰难地游动,心里一直在想:也许那七座金山会突然出现在眼前。

然而金山并没有出现,出现在眼前的是一条鳗鱼。鳗鱼问:"海马兄弟,看你匆匆忙忙的,你干什么去?"海马骄傲地说:"我去寻找属于我自己的七座金山,只是……我游得太慢了。"

"那你真是太幸运了。对于如何提高你的速度,我恰好有一个完整的解决方案。"鳗鱼说,"只要你给我四枚金币,我就给你一个鳍,有了这个鳍,你游起来就会快得多。"

海马戴上了用四枚金币换来的鳍,发现自己游动的速度果然提高了一倍。海马欢快地游着,心里想,也许金山马上就出现在眼前了。

然而金山并没有出现,出现在海马眼前的,是一只水母。水母问:"小海马,看你急匆匆的样子,你想要到哪里去?"海马骄傲地说:"我去寻找属于我自己的七座金山。只是……我游得太慢了。""那你真是太幸运了。对于如何提高你的速度,我有一个完善的解决方案。"水母说,"你看,这是一个喷汽式快速滑行艇,你只要给我三枚金币,我就把它给你。它可以在大海上飞快地行驶,你想到哪里就能到哪里。"海马用剩下的三枚金币买下这个小艇。它发现,这个神奇的小艇使它的速度一下子提高了五倍。它想,用不了多久,金山就会出现在眼前了。

然而金山还是没有出现,出现在海马眼前的,是一条大鲨鱼。大鲨鱼对它说:"你太幸运了。对于如何提高你的速度,我恰好有一套彻底的解决方案。我本身就是一条在大海里飞快行驶的大船,只要搭乘我这艘大船,你就会节省大量的时间。"大鲨鱼说完,就张开了大嘴。

"那太好了!谢谢你,鲨鱼先生!"小海马一边说一边钻进了鲨鱼的口里,向鲨鱼的肚子深处欢快地游去。

要想实现自己的理想,在未付出行动之前,就要提前整合各种信息,做好系统分析,而不是盲目行动,否则,就会像这只小海马一样误入歧途。《鬼谷子·谋篇》中讲:"为人凡谋有道,必得其所因,以求其情。"意思是:做事之前要周密谋划,了解事情来龙去脉,以及现在的状况,掌握足够多的信息,这样就能从大局出发谋划。

要培养计划周密、有条理的习惯,就教育者来说,为孩子创造一个自主的环境尤为重要,要让孩子从小事做起,让孩子学会独立安排事情。就孩子而言,学会统筹整合很重要,这就需要懂得事情的轻重缓急、考虑如何做事最有效等。

我们可以教会孩子制订计划的方法,或者向孩子讲出自己的计划,让孩子提出自己的看法。比如我每次总复习前,都会将我制订出的复习计划跟学生分享,学生会提出自己的想法,修改完善后,学生也非常乐意执行。学生也会根据教师的计划制订自己的复习计划。平时周末的早上,家长也可以鼓励孩子安排一家人一天的活动内容,慢慢让孩子学会制订计划。

另外,让孩子学会有条理地做事情。在日常生活中,无论做什么事情,都要让孩子力争有条有理,比如房间的摆设必须井井有条,用过的东西一定要放回原处,以免需要的时候找不到;晚上休息之前,必须整理好书包,准备好第二天要穿的衣服等。在平时的学习和生活中做好这一切,孩子就能逐渐养成有条理的好习惯。

狐狸妈妈

沙漠中的狐狸养了一窝小狐狸，小狐狸长到能独自捕食的时候，母狐狸便会把它们统统赶出去。小狐狸恋家，不走。母狐狸就又咬又追，毫不留情。小狐狸中有一只是瞎眼的，但是妈妈也没有给它特殊的照顾，照样把它赶得远远的。因为妈妈知道，没有谁能养它一辈子，小狐狸们从这一天起便长大了，那只瞎眼的小狐狸也终于学会靠嗅觉来觅食。

在现实生活中，有越来越多的妈宝男、妈宝女。最近，也看到了截然不同的两个画面：有一次回班里拿东西，看到几个刚刚升入二年级的学生在老师不在时，将教室打扫得干干净净。但也看到，每次到班里上课，小王同学自己座位周边都是垃圾一片，变成了一个小型垃圾场。

人总有一天要离开父母的庇佑，独自面对社会，独立承担责任。因此，尚未离开父母之前，就应当修炼自己的独立能力，学会承担责任。

康熙年间，有一个巡抚大人，用一辈子的家当，建了一座桥。他为什么没有留给子女呢？原来巡抚大人意识到子女存在一个问题：啃老。巡抚大人一生光明磊落，洁身自好，可是却独独忽略了对子女的教育。所以巡抚大人拿出毕生家产，修了一座桥。并且对子女说的话大意就是："我就是想用事实，告诉你们一个道理，自己的路自己走，不要指望任何人。"他从根上断掉了孩子对他的依赖。巡抚大人的这种胸怀，打动了他的子女，而他的子女也都成了国家的栋梁之材。这个巡抚大人就是刘荫枢。刘荫枢大人注重孩子自强精神的培养，让孩子独自面对生存的能力。

孩子的潜力是无限的，今天的父母在面对孩子的独立生存能力方面，是否也应该向狐狸妈妈一样，有勇气让孩子独立？是否也应有着刘荫枢大人这样的魄力，让孩子独立？

狐狸和蔷薇

狐狸在跨越篱笆时脚滑了一下，幸好抓住一株蔷薇才不致摔倒，可是脚却被蔷薇的刺扎伤了，流了许多血。受伤的狐狸就埋怨蔷薇说："你太不应该了，我是向你求救，你怎么反而伤害我呢？"蔷薇回答道："狐狸啊！你错了，我的本性就带刺，你自己不小心才被我刺到的啊！"

像狐狸一样，人类自然的天性是：做错事只会责怪别人，而绝不会责怪自己。

在处理学生问题时，时常出现学生不从自身寻找原因，推卸责任的问题。比如每次听写，小姜同学都会错字连篇，或者画很多圈，这些圈都是她不会写的字。课下，我问她为什么出现这样的情况呢？她理直气壮地说："我得练琴，没有时间练习写字。"我和她的家长了解情况得知：小姜每天晚上只练2小时琴，其余时间都没什么事。是的，下午3:10就放学了，总能抽出时间来练字啊。

学生的借口还有很多，比如身体不舒服不完成作业；老师留作业时讲得太快了，没听清所以不写作业；就连错题了，都会说全班差不多都错了，言下之意自己错也在情理之中。

那么，孩子为什么会找借口呢？

首先，找借口的现象是一种心理防御。人们在受到挫折后，心理上总会出现紧张状态。这种状态在心理学中称之为"应激状态"。这时，人们将采取种种心理上的防卫措施来适应挫折情境，以减轻或消除受挫折后的紧张状态。通过对挫折事件或情境进行合理化的解释，原谅自己而感到心安理得。

其次，孩子懒惰。孩子懒惰是爱找借口的最常见原因，孩子本身自控力就比较差的，老师和家长给他们布置任务后，因一时的懒惰就会忘记布置的任务。最后没有及时完成任务，于是就会找各种借口来推脱责任。

那么，在平时教育中，应该怎么做呢？

第一，培养孩子的责任意识，出问题时要让孩子学会对自己负责。要让孩子明白这个问题的责任不在老师、父母，更不在其他人身上，这是一种对自己负责的人生态度。比如，小姜同学说不练字是由于练琴。那么我就问问她周边的学生：你们放学后有没有其他活动？同学们纷纷回答：我得参加游泳班，我得去跳舞，我得去参加书法班……我再看向小姜，她已经低下了头，知道是自己的问题，因为其他同学都能把字写对。从这些点点滴滴的事情上，教育孩子不要为自己的过错或失败找借口。防微杜渐，就会慢慢地培养起孩子的责任意识，他们就能坦然面对自己的错误或失败了。有一个重要的前提是，要允许孩子犯错误，给孩子改正错误的机会。

第二，教育孩子"不为失败找借口，要为成功找方法"。失败是成功之母，谁也不能保证自己是现实生活中的"常胜将军"，所有人都曾尝试过失败的滋味。人在失败时，会沮丧、烦恼，在这个苦闷的时刻，也许给自己找些看似恰当的借口可以使自己更舒服些。而这些看似恰当的借口，其实是在掩饰过错或者不敢正视自己的失败。父母要将这个道理传达给孩子，失败的时候要积极、勇敢地去分析原因、寻找方法，解决存在的根本问题，取得最终的成功。

第三，帮助孩子制订学习计划。所有各科作业都严格按老师规定的时间保质保量地完成，逐步养成好习惯，改掉"明日复明日"的思想。还可以帮孩子寻找身边的榜样，榜样的力量是无穷的，找一个学习勤奋的同学做榜样，也可以成为孩子学习的动力。

三个石匠的故事

奖励在教育教学中很常见，老师们采用各种方法奖励学生：奖状、表扬、发奖品……家长们也经常采用各种手段奖励孩子：允诺学生如果考试取得好成绩，就买一套乐高，去哪哪玩儿……这些是老师和家长为了激励学生常常采用的手段，这些奖励都是外部奖励。

所谓外部奖励，就是如果想驱动生物体重复执行某个特定的行为，有效的措施就是在其完成这个行为之后给予额外的奖励。也就是说，触发我们愉悦体验的不是行为本身，而是行为之后的奖励。外部奖励的作用是行为主义的伟大发现，所有成就卓越的人，几乎没有一个是完全依赖外部奖励的。但外部奖励并不是万能的，在有些场景下效果较好，在有些场景下效果不佳，可能还会产生负面影响。我们就需要找到了持久强劲的动力来源——内在奖励。

内在奖励更持久、更强劲、更能激发我们的创造力。让我们来看看三个石匠的故事。

相传很久以前，有一群石匠在大山脚下建设一座宏伟的大教堂。有一天，一个陌生人正好经过工地，便走向三个正在忙碌的石匠。他好奇地问第一个石匠："你在干什么啊？"第一个石匠回答道："这不很清楚吗？我在搬石头。"随后，他又走近另一个石匠问了同样的问题。第二个石匠则答道："我在砌墙啊。"问完这个，他又走向几步开外的另一个石匠问了同一个问题。第三个石匠的回答让人眼前一亮，他答道："我在建造一座大教堂。"转眼间10年过去，第一个石匠不仅手艺毫无长进，还失去了工作；第二个石匠依然是个再普通不过的工匠；第三个石匠则取得了事业上的很大发展，成了一名受人尊敬的建筑师。

在这个故事中，三个石匠对工作表现出了截然不同的态度。第一个石匠把工作当作一份差事，他对工作的态度是"做一天和尚，撞一天钟"。第二个石匠把工作当作一种职业，他对工作的态度是"这就是个谋生手段"。第三个石匠则把工作当作一项事业，他在工作上有着长远的目标，他希望对社会做出重要贡献，这使他对工作充满热情，这种热情驱动他不断前进。

从事如此简单无聊的工作，为什么第三个石匠可以充满热情？除了他将工作视为事业外，还有一个原因是他看到了自己所从事的工作的意义。他将自己的简单工作与宏伟大教堂的建设关联了起来，他看到他的工作是这项伟大建设工程不可或缺的一部分，这会产生一种强烈的自豪感和强大的驱动力。根据罗切斯特大学的研究，内在奖励带来的幸福感是可持续的，它不同于外部奖励，它不会让你产生享乐适应，相反，它会培养出享乐韧性，让你获得可持续的快乐。

我们应该如何创造内在奖励？

首先是自主，我们必须在内心深处感到从事某项工作是自愿的，而不是被迫的。其次是胜任，当我们从事既不过于简单又不过于困难的挑战性任务或工作时，就能获得美妙的愉悦感。再次是关联，如果所从事的工作能让我们与他人建立起关系，同样能使我们体验到强烈的愉悦感。最后是意义，如果我们可以将自己的工作与宏大的目标联系起来，且认为完成这个宏大的目标将会让许多人受益，那么我们就会有一种强烈的自豪感和意义感。如果这些要素得到了很好的满足，我们就能获得内在奖励，就能行动积极、心情愉悦、创造力十足。

在马克·吐温的著作《汤姆·索亚历险记》中，有一个让人印象深刻的场景，因为逃学，小汤姆被姨妈惩罚将75平方米的栅栏刷成白色。显然，对于小汤姆来说，这是一项极其无聊的工作，但当小汤姆的小伙伴们漫步到他面前准备嘲笑他时，他却装出一副乐在其中的架势。疑惑的小伙伴们完全被他制造的假象欺骗，一名小伙伴也想刷上几下，但被小汤姆一口拒绝。直到他同意以苹果作为交换，小汤姆才给了他一张刷栅栏的"入场券"。不久，其他小伙伴纷纷交出各自的"入场券"，请求加入"刷栅栏游戏"。最终，小汤姆不仅成功地完成了刷栅栏任务，还借此大发了一笔"横财"。

可以想象，假如汤姆是个有钱的人，或许会动用金钱这样的外部奖励来雇小伙伴们帮他刷栅栏。如果是这样的话，汤姆的小伙伴们肯定会认为刷栅栏是件无聊透顶没人肯干的事，自然不会主动要求参与，更不可能去交入场费了。幸好汤姆没有钱，这迫使他去激发内在奖励的力量，制造"刷栅栏是件非常好玩的事情"的假象，并且，还设置了参与的门槛。通过这个小魔法，汤姆成功地把刷栅栏这项无聊的任务变成了一项有趣的游戏，极大地调动了小伙伴们参与的积极性。小汤姆成功的关键在于他所施展的小魔法，即游戏化设计。

内在奖励有使不完的力量，是无穷无尽的驱动力的来源。但内在奖励需要呵护。内在奖励的第一个缺点就是它极其脆弱敏感，很容易被外部奖励抑制、破坏。第二个缺点就是它极难控制，充满着不确定性，不像外部奖励那样容易被量化和控制。因此，如果我们想触发内在奖励机制，必须小心又谨慎。

由此可见，我们在教育教学过程中，除了要有适当的外在激励，内在激励不可忽视，重在培养学生对学习的兴趣，让学生对学习保持持续的积极性和主动性。当学生体会到内在奖励的力量，把外部奖励转化为内在奖励时，就会成为一个能够自主学习的人了。

唤醒

19世纪德国教育家第斯多惠有句名言:"教学的艺术不在于传授本领,而在于激励、唤醒、鼓舞。"这句话也时时提醒我,重视唤醒学生内心深处求知的天性,激发学生的内驱力,使学习成为学生主动、自觉的行为,从而提升教学质量和育人效果。在实际教育教学中,我发现"唤醒"与行动目标关系密切。

研究发现,一个人的压力水平与唤醒水平紧密相关,压力越大,唤醒水平越高。也就是说,压力水平与唤醒水平呈正相关。如果我们设定的目标过高,任务完成起来很困难,意味着唤醒水平极高,这也不利于学生高水平发挥,甚至会导致他们放弃这个任务,因为会因为恐惧和焦虑而停滞不前,自信心被严重侵蚀。但是如果任务完成起来非常容易,那么时间久了人就会感到厌倦和无聊,会失去热情。

可见,行动目标设定得过高或过低都不好,都无法发挥学生的最佳水平,只有"跳一跳,够得着"的挑战性目标才能激发我们的内在潜力。它既不会让我们感到无聊,也不会让我们感到威胁,但依然会产生些许压力,这是一种积极的、良性的压力。在这种积极的、良性的压力之下,学生的唤醒水平会处在中等水平,注意力会很好地集中在目标上,这时往往可以取得最好的效果。科学家的研究表明,不断突破舒适区完成挑战性目标,是成功的关键。

20世纪90年代初,心理学家安德斯·埃里克森等在柏林音乐学院对"大才是如何养成的"这个主题进行了深入研究。经过长期的观察和研究,他找出了成为世界级专家的两个关键条件。

第一个是"大量练习"。这一条件因为马尔科姆·格拉德威尔的畅销书《异类:不一样的成功启示录》而被广大读者所熟知,他在书中提出了养成天才的"1万小时定律"。他的观点是:天才之所以取得巨大成就,绝非天赋异禀,而是因为他们付出了比常人更大的努力,1万小时的锤炼是普通人与世界级专家之间的鸿沟。

第二个则是"刻意练习"。它要求人们将练习重点集中在自己的弱项上，不断地挑战和超越自身的能力极限，在错误和失败中不断向目标靠近。"刻意练习"时的难度非常有讲究，它应该精准定位在管理大师诺尔·蒂奇所称的"学习区"内。

蒂奇将学习内容的难度分为三个层级，从易到难分别为"舒适区"、"学习区"和"恐慌区"。

当练习的内容没有什么难度或者对主体来讲非常熟悉时，主体就进入了最里面的"舒适区"，此时，主体处于舒适的心理状态，即处于无压力的低唤醒水平，练习久了会感觉有些无聊。当练习的内容远超自己的能力范围，就进入了最外面的"恐慌区"，此时，主体会感觉很不适应，内心充满着焦虑和恐慌，即处于高压力高唤醒水平，可能导致崩溃以致放弃练习。最后，当练习的内容刚好是让人感觉有些挑战但又不太难时，就进入了中间一圈的"学习区"，此时，主体虽有些不适但不至于太难受，刚好处于有些压力的中等唤醒水平，这是最理想的状态。随着不断地学习和练习，"学习区"会慢慢变为"舒适区"，这样"舒适区"就会越变越大，而一部分的"恐慌区"则相应变成了"学习区"，这就是我们能力不断提升的过程。

我们可以发现，过于容易的目标其实就落在了"舒适区"，过于困难的目标落在了"恐慌区"，挑战性的目标则刚好落在了"学习区"，这是一个能让我们不断进步与成长的区域。

第三个是"心流"状态。只有当我们在完成挑战性目标的时候，才有可能进入一种"心流"的状态，这是一种"如有神助"般的心理体验。那么，它产生的条件是什么呢？这要从心流概念的提出者希斯赞特米哈伊说起了。希斯赞特米哈伊以科学的方法研究心流，他将它定义为"一种将个人精神力完全投注在某种活动上的感觉"。伴随着心流的产生，人们会有一种高度的兴奋感和充实感，这是一种幸福的感觉。

在研究心流时，希斯赞特米哈伊发现：当人们处于心流状态时，存在着挑战与技能的平衡，人们感到自己的能力与行动非常匹配，既不会感到无聊也不会产生焦虑。可见，只有在实施具有挑战性的目标时，我们才能进入心流状态，才能实现自我的拓展。

因此，当我们制定行动目标时，应该将难度限定在既不是很容易也不是太难的挑战性难度上。比如建议学生读书，可以将"每天读书10页"或"每天读书100页"这样的目标改写成"每天读书30页"。必须注意的是，随着时间的推移，随着学生水平的提升，原来具有挑战性的任务后来会变成简单容易的任务，所以，行动目标需要定期修改。

黄金法则

当老师这么多年,遇到的家长形形色色。有的家长特别支持老师工作,作为家委会成员在开学初帮助班级打扫教室、分书等;学生小学毕业时自发组织毕业典礼,做邀请函、组织活动等;但也有的家长由于老师正常管理学生,学生不舒服了,家长来告老师状的问题;因为学生视力下降了,家长把责任都推到老师身上的问题;因为老师放学晚点,家长就在校门外大骂等等。

心理学上有一条重要的沟通法则叫"黄金法则",最初来源于《圣经》中的这样一句话:"无论何事,你们愿意人怎样待你,你们也要怎样待人。"后来,这句话演变为一条沟通法则:"像你期望别人对待你的方式对待别人。"或者"怎样被对待,就怎样对待人",也就是说,你以什么样的态度对待别人,别人也会以什么样的态度对待你。这条黄金法则也叫"爱的法则",是建立彼此的理解和信任基础,宽容彼此的过激行为,最终在对话中找到解决问题的方法。所以老师和家长之间要互相理解、互相尊重,真要发生了矛盾,要学会沟通。

从孩子的角度来说,家长与老师的沟通是为孩子营造良好的成长环境,帮助孩子预防心理问题,与孩子一起解决学习或生活中的问题,使孩子形成健全的人格。例如学习成绩的提高、良好行为习惯的养成、意志力的锻炼等,都需要家长和老师共同努力。通过沟通,家长还能够了解孩子在学校的成长情况,比如兴趣爱好、个性特征、知识技能等。孩子的某些天分,也可能就在沟通中被发现。

从家长的角度来说,对一些不太了解教育的家长来说,家长与老师的沟通,能够建立融洽的亲师关系,同时能够帮助家长转变教育观念,提高自身素质。生活中,有些家庭的教育方式不正确,家长与孩子之间存在隔阂、矛盾和冲突,很多孩子有烦恼也不找父母倾诉。但由于老师的教育方式不同于家长,所以有些孩子更倾向于向老师倾吐烦恼。在这样的背景下,家长与老师沟通可以及时了解孩子的心理动态,同时这也是学习的机会。只要家长真诚对待,虚心求教,老师就会认真细致地解答，想方设法地帮助家长。家长在与老师交谈的过程中，可以从中学到教导孩子的知识和技巧，进而更新自己的教育观念。

如果真有家长找到学校来，作为学校的老师，要耐心倾听。耐心听人发火也是一种素质。当别人对你发火的时候，我们时常会觉得委屈、郁闷，恨不得马上回击对方，最后闹得不欢而散，使原本简单的事情复杂化。老师不如听听对方都说些什么，让家长把情绪都宣泄出来我们再做沟通。

相互理解是最主要的。有心理学家研究表明，人在生气的时候智商最低，很容易妄下结论，而所下的结论90%都是错误的。所以，老师和家长要互相理解对方的心情，能不发火时就尽量不发火，彼此心平气和地交谈更能解决问题。

教育家苏霍姆林斯基说过："教育的效果取决于学校和家庭的教育影响的一致性。如果没有这种一致性，那么学校的教学和教育过程就会像纸做的房子一样倒塌下来。"学校和家庭都是孩子成长的地方，老师和家长营造宽松的班级环境、家庭环境，才更有利于孩子的健康成长。

自我激励

读《内在动机》这本书源于两点内心的思考：第一，做任何事情如果不是自发的，做起来幸福感较低；第二，如何享受做事情的过程。

在清华大学社会科学学院院长彭凯平写的序中，有这样一句话：只是追求那些外界强加给他的价值和目标的人是不自由的，因为他丧失了内在动机和真正的自主，也无法获得真正持久的幸福。

书中写道：大多数人似乎认为，最有效的激励来自外部，其实不然，我们要做的不是"如何激励他人"，而是"怎样创造条件让他人激励他们自己"。

教师通常在教育教学中以评价规范儿童行为，以激励鼓舞儿童信心。这种做法很有效，很不错。倘若再思考一下："怎样引导儿童自我激励？""怎样变为学生的自主行为？""怎样让学生享受过程？"则更有利于儿童终身成长。

人们对于工作偶有不满，这本书给了解决之道——观念的转变。即不要陷入自我卷入，不要自我卷入官职、功名、利益……之中，让自己受到外界的威胁。要善于接纳自己、掌控情绪、自我选择、自我激励。

是的，人在成长过程中要慢慢学会自己真正的选择，学会自己的行动自我掌控。这样才会实现心灵的自由，而幸福终来自心灵的解放。

这部书是心理学的经典之作，作者是美国的爱德华·L.德西（Edward L. Deci），理查德·弗拉斯特（Richard Flaste）。

宝剑锋从磨砺出　梅花香自苦寒来

在这个快节奏的社会中，孩子们在环境的影响下容易形成浮躁的性格，而学习书法便可以让孩子们在这种浮躁的社会中寻找一份恬静，同时也可以让孩子养成比较踏实、恬静的性格，能够有效地戒浮戒躁，对于未来的发展也非常的有效。

不少学生刚开始学习书法，爱丢三落四，心绪浮躁，无法集中注意力，练一会就坐不住了，甚至把墨汁弄得满脸满身都是，经过一段时间的书法练习，渐渐地沉稳下来，这些毛病都消失了，能平心静气地写字了。无数事例证实，学习过书法的孩子，在理解能力、接受能力、想象力和创造性思维能力等方面，都显著高于一般孩子。

王羲之是我国东晋时著名的大书法家，一生留下了许多流传后世的绝妙佳作，被后人尊为"书圣"，民间也流传许多有关他的动人故事。

许多艺术家都有各自的爱好，有的爱种花，有的爱养鸟，但是王羲之却有他特殊的癖好——养鹅。他认为养鹅不仅可以陶冶情操，还能从鹅的某些体态姿势上领悟到书法执笔、运笔的道理。所以不管哪里有好鹅，王羲之都有兴趣去看，实在喜欢了，还会直接把它们买回来玩赏。

山阴地方有一个道士，他想要王羲之给他写一卷《道德经》。可是他知道王羲之是不肯轻易替人抄写经书的。后来，他打听到王羲之喜欢白鹅，就特地养了一批品种好的大白鹅。

王羲之听说道士家有好鹅，真的跑去看了。当他走近那道士屋旁，正见到河里有一群鹅在水面上悠闲地浮游着，一身雪白的羽毛，映衬着高高的红顶，实在惹人喜爱。王羲之在河边看着看着，简直舍不得离开，就派人去找道士，要求把这群鹅卖给他。

那道士笑着说："既然王公这样喜爱，就用不着破费，我把这群鹅全部送您好了。不过我有一个要求，就是请您替我写一卷经。"王羲之当时就毫不犹豫地给道士抄写了一卷经，那群鹅就被王羲之带回去了。这就是王羲之"以字换鹅"的故事。

一次，王羲之来到天台山，被神奇秀丽的天台山风景吸引住了，便在华顶住了下来。他尽情欣赏日出奇观和云涛雾海，这些山光胜景使他的书法也得到润色。他不停地练字，不停地洗笔洗砚，竟把一个澄澈清碧的水池都染黑了——墨池就是这样得名的。

宝剑锋从磨砺出，梅花香自苦寒来。正所谓"合抱之木，生于毫末；九层之台，起于累土；千里之行，始于足下"，练习书法需要从一点一滴练起，长期坚持，定能写出一手好字。

独行快　众行远

在国际21世纪教育委员会提出的未来教育的四大支柱中，学会共处是四大支柱的基础，而合作正是学会共处的核心。合作已成为21世纪的潮流。

公牛队是篮球史上最伟大的一支球队。它在1997年NBA总决赛中战胜爵士队后，已取得了第二个三连冠的骄人成绩。但公牛队的征战并非所向披靡，而是时时遇到强有力的阻击，有时胜得很艰辛。决战的对手常在战前仔细研究公牛队的技术特点，然后制定出一系列对付它的办法。办法之一，就是让迈克尔·乔丹得分超过40分。

听起来挺滑稽，但研究者言之有理：乔丹发挥不好，公牛队固然赢不了球；乔丹正常发挥，公牛队胜率最高；乔丹过于突出，公牛队的胜率反而下降。因为乔丹得分太多，则意味着其他队员的作用下降。公牛队的成功有赖于乔丹，更有赖于乔丹与别人的协作。

独行快，众行远。公牛队的成绩有赖于乔丹，但只有齐心协力才能创造更好的成绩。

合作学习是自主学习的一种形式，它是一种新型的学习方式，一般包括同伴互助合作学习、小组合作学习、全员合作教学三种主要形式。在实际教学中，我会采用合作学习的方式，从小培养学生善于合作，学会合作的能力。

瑞士著名心理学家皮亚杰认为同伴交互作用非常重要，皮亚杰学派的学者主张在学校中增加合作学习活动，包括同伴学习与小组发现学习等，从而使学生在讨论、争辩、认知冲突、倾听、不充分推理被揭示等交互活动中引发高质量的认知理解。学生在一起，通过讨论、争辩等相互学习，彼此之间取长补短，学习对方身上的长处，让自己拥有新的奋斗目标，激励自己奋勇向前。学生身上都有自己的优缺点，彼此之间经常在一起，可以互相促进，当遇到了困难时，也会选择彼此互相帮助，同学之间可以自行取长补短，逐渐完善自我。

苏联著名心理学家维果斯基（Vygotsky）将最近发展区定义为：儿童独立解

决问题时的实际发展水平，以及在成人指导下或与更有能力的同伴共同探讨进行问题解决时的潜在发展水平之间的距离。他认为相近年龄儿童的学习可能处于对方的最近发展区，因此同伴的合作学习可以提高他们的认知水平。

在学习的过程中，学生会碰到很多的难题，如果孩子独自一人学习，那么难题将会成为拦路虎，而孩子们在一起学习，则可以一起讨论，共同商讨出解决问题的方法。在教学中，也经常会发现有的教学内容个别学生在课堂上听不懂，但课下同学一讲，他就明白了。这是由于同伴之间的认知角度是一致的，同伴之间比较容易找到最近发展区。

不仅是合作学习，小伙伴在一起，会有更多的共同语言。

孩子的心中也会有各种不愉快，但是孩子不愿意和家长说，有时会导致孩子的负面情绪积压，而和小伙伴在一起，彼此之间互相开解，很多的负面情绪也会消失不见了。我的班里有个班长，他妈妈告诉我孩子不会和她说心里话，经常和他的小伙伴一聊就是一下午，我想这也是排解负面情绪一种很好的方式吧！

"独行快，众行远"的道理人们都熟知。许多事，朝着既定的目标，齐心协力，就可能把众人的事情办得更好。我们尽力培养学生与人交往的能力、合作能力，学生将来才能更加适应未来发展的需要。

凡事预则立，不预则废

"凡事预则立，不预则废"出自儒家经典书籍《礼记·中庸》，"凡事豫则立，不豫则废。言前定则不跲，事前定则不困，行前定则不疚，道前定则不穷。"

这段话的意思是：做任何事情，事前有准备就可以成功，没有准备就会失败。说话先有准备，就不会词穷理屈站不住脚；做事先有准备，就不会遇到困难挫折；行事前计划先有定夺，就不会发生错误后悔的事。

毛主席在《论持久战》这一著作中也引用过这句话，是这样说的："'凡事预则立，不预则废'，没有事先的计划和准备，就不能获得战争的胜利。"这就像是我们常说的"不打无准备之战"。

有一个高年级女生在新学期给自己制订了以下计划。

1.我要把握好上课的40分钟，在课堂上做到认真听讲，积极发言，遇到不会的问题在课余时间能主动问老师。在校我热爱劳动，团结同学，同学们有困难我会毫不犹豫地伸出援助之手。

2.要做老师的得力小助手。带领同学诵古诗、领午餐、出板报都是我最拿手的，在新的学期我要把这些优点发扬下去。

3.从要我学习，变成我要学习。以前我只是被动地完成老师布置的作业，不会主动深入地学习。在新的学期我要从思想上有所改变，我的学习是为了充实自己，不是为爸爸、妈妈、老师或者某个人学习。我想，在新的学期我的学习会有一个质的飞跃。马虎是我最大的毛病，现在我已经是高年级的学生了，在新的学期无论做什么事都一定要细心、细心再细心，做完后要学会认真检查，仔细思考，和马虎道永别。

4.一年之计在于春，一日之计在于晨。以前的晨读做得不是很好，只是把老师要求会背的背会，不要求会背的一目十行，一读而过。新学期的晨读不但把要求会背的背会，没有要求会背的课文也要认真地读，理解其含义。

5.小学是读书的最好时间，在课余时间要多读一些课外书。每天在做完作业以后不少于半个小时的阅读时间，日积月累，增加自己的知识面，提高自己的理解能力。

6.新的学期还要继续帮妈妈做家务事，这能让我的生活能力提高，还能让爸爸、妈妈分享我的爱。

预则立，不预则废。一定要按自己的计划，持之以恒，一步一个脚印地走下去。

这个计划制订得比较全面，既有学习又有管理，既有在校又有在家，既有短期又有长期，特别是最后一句至关重要，鼓励自己知行合一，说到做到。

有了目标，一切努力就有了方向，更能激发学习热情。还有一位同学制订了如下寒假计划。

计划人：小曹同学

7：00 起床

7：00 — 7：20 洗漱

7：25 — 8：15 吃饭

8：20 — 8：45 晨读

9：00 — 9：50 学习+写作业

10：00 — 10：40 学习+写作业

10：40 — 11：20 练字

11：20 — 11：45 自由时间

11：50 — 12：30 午饭

12：35 — 13：20 午休

13：30 — 14：30 学习+写作业

14：40 — 15：20 练字

15：30 — 16：20 学习+写作业

16：25 — 17：00 运动

17：05 — 17：50 读书

17：50 — 18：30 自由时间

18：40 — 19：30 吃饭

19：40 — 20：40 学习+写作业

20：40 — 21：30 自由时间

21：35 — 22：00 洗漱等

22：00 睡觉

附：每晚睡觉时间尽量不超过22：00，如情况有变（例：过年前后）占用原时间，则选择合适的时间补上。

从这个寒假计划可以看出，这位同学一天的活动比较多样，但又没有把学习时间塞得太满，留出了自由活动的时间和运动的时间。为了让自己的计划保持基本不变的原则，又对情况有变化的采取具体措施，这样就保证了计划能够比较顺利地执行，有利于养成良好的习惯。

自己的事情自己做

在教育过程中，我们会发现同年龄的孩子他们的自理能力各不相同。有的同学不但把自己的各种物品摆放得井井有条，还能帮助老师做很多事情。但也有个别学生自己的桌椅周边就像一个小型的垃圾场：桌子上各种物品横七竖八地放着，桌斗中的物品都塞不下了，桌椅周边都是他们掉落的各种物品。

有一个真实的故事。在一次航海中，鲁滨孙不幸迷失了方向，漂流到一个荒岛上，除了遇到残忍的野人和可怜的俘虏外，再也没有遇到任何人。吃的、穿的、用的和住的，一切全无。后来有一个"星期五"陪伴他，可他不是一个现代文明人，而是一个野人，鲁滨孙还得教他怎么生活。因为这个岛没有船只经过，鲁滨孙也无法与外界取得联系，他在这个荒岛独自生活了28年。鲁滨孙怎么过的？他必须自己的事情自己做。

在漫长的28年里，鲁滨孙做了许许多多的事。他先后把三个山洞改造为自己的家，靠捕杀野兽来进食，然后用野兽皮制作衣服，后来他自己种植了谷物，并制作出了面包……

"自己的事情自己做"，其实是锻炼一个人很重要的能力——自理能力。自理能力就是在别人不提供帮助的情况下，自己照顾自己、管理自己的能力，它是一个人具有独立性的重要体现。一个处处依赖别人的人，在遇到突发情况时就会失去解决问题的能力，只能坐以待毙，所以要让孩子学会自己的事自己做。可以先让孩子从简单的事情做起。

首先，不要对孩子期望太高。如果对孩子期望太高，他会因为达不到父母的期望而苦恼。可以让孩子先从整理自己玩具、书籍开始，不仅让孩子学会了收拾东西，还能让孩子有条理性。

其次，让孩子接触生活中的各种事物。父母应该让孩子接触一些事物，培养孩子的独立能力，也许刚开始会给你添加不少麻烦，或者犯些错误，即使这样也让孩子坚持自己做。

父母还要多鼓励孩子。父母要抓住孩子的心理特点，当他取得进步时，要及时地鼓励和赞赏。这种鼓励可以让孩子逐渐形成自信的性格。

海伦·凯勒

海伦·凯勒（Helen Keller），是美国现代女作家、教育家、社会活动家。我们都读过《假如给我三天光明》，这本书是海伦·凯勒的著作，让人们更懂得珍惜生命和现有的生活。

海伦·凯勒在一岁半的时候因为患猩红热成了残疾人，自此，她与有声有光的世界完全隔绝了。幸运的是，她遇到了莎莉文老师，在莎莉文老师极具耐心、爱心和毅力的教导下，海伦·凯勒用手触摸学会了手语，摸点字卡学会了读书，用手摸别人的唇形学会了说话。而后，她掌握了英语、法语、德语、拉丁语、希腊语五门语言，完成了大学学业，顺利地从美国拉德克里夫学院毕业。在之后的时间里，她和老师走遍世界各地，为盲人的慈善事业积极奔走，得到很多国家的嘉奖，赢得了世人的尊重。

海伦·凯勒在学习与记忆的过程中，她只有一个信念：她一定能够把自己所学习的知识记下来，使自己成为一个有用的人，这样的信念其实也是其学习的强大内驱力，所以才成为一个对世界和人类社会有用的伟大人物。

海伦·凯勒在很多场合都提到过对莎莉文老师的感激："我的老师安妮·曼斯菲尔德·莎莉文来到我家的这一天，是我一生中最重要的一天。"正是莎莉文老师的到来，让她从一个野蛮的聋哑孩子变成后来这样积极向上的样子，是老师用教育点亮了她的生活，让她进入光明的世界。

海伦·凯勒的一生是个奇迹，而这个奇迹的缔造者，正是她的老师莎莉文。她作为专业的聋哑老师，对海伦始终抱有期望，坚信她可以学会聋哑人的交流方式，可以学会说话；她为海伦勾勒出很多美好的图景，让她相信生活的多彩；她循循善诱地教会了海伦文字、交流、认识自然、体验生活；她尊重海伦的天性，激发海伦对知识的热爱和渴望；她以极大的爱心和耐心，帮助海伦凯勒克服各种困难，一点一滴帮助她成长。

从孔子到苏格拉底，从柏拉图到安妮·莎莉文，古今中外的老师们都用自己的心血撰写着人类传承的辉煌历史。每一个人都在探索世界，每一个老师都在发掘学生的无限可能。正如海伦·凯勒得出的感悟那样：学习生涯的开始源自生活本身。每一个人都只是个有可能学习的毛坯，是老师开了我们的眼界，使这块毛坯有可能发展进步。

每个孩子都是千里马，让我们成为孩子的伯乐，采用正确的教育方式支持、鼓励孩子，用心陪伴他们快乐成长。

理想很丰满　现实很骨感

苏霍姆林斯基说过："如果我们力求使儿童的全部精神力量都专注到功课上去，他的生活就会变得不堪忍受。他不仅应该是一个学生，而且首先应该是一个有多方面兴趣、要求和愿望的人。"

我们可以告诉孩子，要培养自己的兴趣爱好。例如，我们可以找同学去踢球，做游戏，我们可以唱歌、跳舞、看书，在节假日我们可以去旅行，去运动，去拥抱阳光和大自然。总之，我们需要找到自己真正喜欢的事情去做。找到了一件自己喜欢的事情，认真地完成，只有这样，你才会觉得自己的生活真正的充实。

理想很丰满，现实很骨感。

最近，一位家长和我说："孩子之前吵着要学钢琴，我就给他买了钢琴，报了班去学钢琴，但他去了几次之后觉得无聊，说不想学了。我觉得既然选择了要学钢琴，就要坚持下来，不能半途而废，但每次让孩子去学，他都不听话，开始闹。好吧，不学就不学，我忍了。又想学围棋，可又是学几次就不想学了。我不想让孩子的未来留遗憾，但我也不想每次都和他争执，这真是苦恼。"

其实，孩子当初对某件事情很有热情，但后面又不想继续做下去是很正常的。不能坚持的原因有很多，比如，孩子确实觉得这件事比想象中要难，自己感觉吃力；比如，孩子发现自己其实对这件事，并没有原本以为的那么感兴趣。

作为父母，当初在孩子苦苦哀求下，投入了一笔不菲的资金，结果孩子说放弃就放弃，这就意味着投入的钱完全浪费了，这让家长难以接受；或者感觉这是孩子三心二意的表现，属于不好的习惯。

但是，孩子的选择也是需要一个过程的，要给孩子充足的机会来探索自己究竟想要什么，并且实现自己的想法。当然，这并不是放纵孩子任性选择和放弃，而是允许孩子尝试，并且在孩子身边帮助孩子搞清楚自己想要什么。

一旦孩子选择好了，家长多花一些时间陪在练习的孩子身边，多给予鼓励，相信理想也会照进现实。

清晰的目标

很多人喜欢玩电子游戏。不仅是孩子，不少成年人也喜欢游戏，因为游戏里总是有清晰的目标。

在新冠肺炎疫情期间，有两个人都隔离在家，都不用担心收入或其他事，也就是说，什么都不用做。其中一个，就确实是什么都不做，想睡觉就睡觉，想看电视就看电视，想锻炼身体就动一动，一切都随性。另一个人，他跟着视频学习无器械健身，给自己设定目标"四十天练出单手俯卧撑"，他还每天挑战烧一个新菜，拍照发朋友圈。

斯坦福大学心理学教授麦格尼格尔讲过一个研究结论：那些追求意义和使命的人生远比追求轻松享乐、逃避压力的人生更加幸福和快乐。

在教育教学中，教师稍加关注会发现，对于成绩一般或比较差的学生来说，学习是毫无目标的，他们想学就学，不想学就不学，这对他们的成长是起阻碍作用的。

学习目标是学习的出发点，也是学习的最终归宿。确立清晰的学习目标是每位学生的首要任务。目标越明确、越切合自己的实际情况，学习行动的每一次努力就越能够获得成功。

我有个学生小韩和我说过："当好学生太难了，我做不到啊！"

心理学家马尔慈说，人的意识就是一个"服务机制"，一个有目标的电脑系统。学生心目中追求的形象的清晰程度，就如同一个电脑程序的好坏，直接影响到这一系统运作的结果。如果学生头脑中追求的形象很清晰，比如，我要做一个学习好、和同学友好相处的好学生，它就会在学生内心的荧光屏上，出现一个认真学习、积极参与班级活动、关心同学的好形象。那些学习好、表现好的学生说，他们脑中常常出现好学生受老师表扬的形象，是这种形象督促着他们认真学习，控制住自己随意玩耍的心理欲求。

小韩的工作我做过多次，每一次都和他都聊聊目标实现了没有？一开始，他制定了目标，但还是做不到，在我的一次次提醒中，他慢慢地一个一个地实现了目标，还养成了制定目标的习惯。

少成若天性　习惯成自然

教育大师孔子曾说:"少成若天性,习惯成自然。"著名教育家叶圣陶先生曾说:"教育就是培养孩子的好习惯。"著名哲学家培根认为,培养好习惯应该是教育的内在要求,他说:"毫无疑问,幼年时期养成的习惯是最完善的,我们称之为教育。教育其实是一种早期的习惯。"教育孩子,先从培养孩子的好习惯开始。有这样一个笑话,说明一个人的习惯是多么的顽固。

一位没有继承人的富豪死后将自己的一大笔遗产赠送给远房的一位亲戚,这位亲戚是一个常年靠乞讨为生的乞丐。接受遗产的乞丐立马成了百万富翁。新闻记者来采访这名幸运的乞丐时问:"你继承了遗产之后,想做的第一件事是什么?"乞丐回答说:"我要买一只好一点的碗和一根结实的木棍,这样我以后出去讨饭时方便一些。"

这个笑话告诉我们:在不知不觉中人们长年累月养成的习惯,具有强大的惯性,它影响着我们的行为。研究发现,一个人一天的行为中,大约只有5%是属于非习惯性的,而剩下的95%的行为都是习惯性的行为。

培养好习惯一定要趁早。研究表明,3—12岁是孩子形成好习惯的关键期。在这个时期,孩子的可塑性最大,容易接受妈妈对他的引导和行为的训练。12岁以后,孩子已养成许多习惯,由于旧习惯的抵抗和干扰,要想让新习惯在孩子身上扎根就比较困难。

近现代教育家也抱有同样的观点。陶行知说:"教人要从小教起。幼儿比如幼苗,培养得宜,方能发芽滋长,否则幼年受了损伤,即不夭折,也难成材。"捷克教育家夸美纽斯说:"好习惯最好在没有形成错误观念,没有养成坏习惯时就开始培养。"

所以要抓住教育的关键期。所谓教育的"关键期"(也叫关键年龄、最佳年龄、临界期、敏感期),是指人生学习的最佳时期,这也是习惯养成的关键期。在这个阶段培养孩子的行为习惯,往往最容易,成效也最大。如果在这个年龄段对孩子实施某种教育，可以事半功倍，而一旦错过了这个年龄段，再进行这种教育，效果就明显差多了。

　　培养好习惯不能一蹴而就，需要通过实践长期积累，所以，不能急于求成，要遵守循序渐进的原则，有计划地一步一步实施，一个习惯接一个习惯地培养。在培养孩子良好习惯的过程中，要抓早、抓小、抓紧、抓好，从小抓起，从第一时间抓起，从第一印象抓起。

用孩子的眼睛看世界

最近,娱乐新闻报道说:对女儿十分疼爱的影视巨星刘德华给孩子辅导作业时,也没逃过"魔咒"。这两年因为疫情,刘德华先生停工在家休息的时间变多了,原以为可以趁机会多陪陪女儿,顺便给正在上网课的女儿辅导作业。但他没想到,给孩子辅导作业是如此让人焦头烂额,忍不住对女儿说:"有没有搞错啊?都这样了,你还不懂?"凡是给孩子辅导过作业的家长们,称家有同款。

面对会让自己急吼吼的孩子,有一位家长是这样做的。

深冬的早晨,在一个犹太社区中心健身房外的走廊里,有个两岁的男孩突然大发脾气:他一下子趴到地下,又哭又叫,两脚乱踢,两手乱抓。而他的母亲就在他身旁却一句话都不说,放下手里的包袱,先蹲下,再坐下,后来索性全身趴在地上,使她的头和儿子的头成了一个水平线,两个人的鼻子也碰在一起。走廊里来来往往的人很多,大家都小心地绕开他们,尽量不去注意他们;母子两个旁若无人地趴在那里好半天。最后,孩子脸上的愤怒慢慢消失,显露出平静,哭叫声变成了耳语,终于把哭红的小脸靠在地板上,他的妈妈也同样把脸靠在地板上。孩子看母亲,母亲就看孩子。最后孩子站起来,母亲也站起来。母亲拿起丢下的包袱,向孩子伸出手来。孩子抓住了母亲的手。两人一起走过了长长的走廊,到了停车场。母亲打开车门,把孩子放在儿童座上扣好,亲了一下他的额头。孩子的情绪已经变得非常安稳甜蜜。而在这整个过程中,当母亲的居然没有说一句话。

这是发生在美国街头的一幕场景,母亲就这样专心致志地趴在地上,自始至终没有说一句安慰孩子的话,但孩子却平静下来。这位母亲懂得用孩子的眼睛来看世界。

在日常的生活中,可能很多人有这样的经验:当我们被人理解之后,内心就会感到温暖有助而心心相印，在这种情况下的人通常容易打开心扉畅所欲言。而当一个人感到自己不被人理解的时候，内心就会感到委屈孤独，什么都不愿意说，甚至是刻意疏远别人。成人都如此，更何况是孩子？

以己之心，度人之腹

临近第38个教师节，读到民国时期著名教育家陶行知先生《四颗糖果》的故事。

有一个男生用泥块砸自己班上的男生，被校长陶行知发现制止后，命令他放学时到校长室去。放学后，陶行知来到校长室，男生早已等着挨训了。可是陶行知却笑着掏出一颗糖果送给他，说："这是奖给你的，因为你按时来到这里，而我却迟到了。"

男生接过糖果。随后陶行知高兴地又掏出第二颗糖果放到他的手里，说："这是奖励你的，因为我不让你打人时，你立即住手了，这说明你很尊重我，我应该奖你。"

男生惊讶地看着陶行知。这时陶行知又掏出第三颗糖果塞到男生手里，说："我调查过了，你用泥块砸那些男生，是因为他们欺负女生；你砸他们说明你很正直善良，且有跟坏人作斗争的勇气，应该奖励你啊！"

男生感动极了，他流着眼泪后悔地喊道："陶校长，我错了，我砸的不是坏人，而是同学……"

陶行知满意地笑了，他随即掏出第四颗糖果递过来，说："为你正确地认识自己的错误，我再奖给你一块糖果，我没有糖果了，我们的谈话也可以结束了。"

对于做了错事的人，我们惯用指责和说教，哪知基于理解、尊重的宽容更具感召力、更有教化作用。陶行知用赏识唤醒学生的良知，让学生主动承认错误、接受教育，从而在心灵深处产生改正错误、完善自己的愿望，同为教育者，真为他高超的教育艺术和教育智慧所折服。

今天值班，有位中学生来晚了，远远走来，看到一位执勤的老师大声问他：

"怎么这么晚啊？"我想我站在那也会随口而出这个问题。但看到这位男生回答得那么小声，又行色匆匆，我马上低声和执勤老师们说："咱们不要说别的，微笑问好就可以了。"

　　以己之心，度人之腹。我也有迟到的经历，走进教室前已经很羞愧了，走进教室后也不想被任何人注意到，更不想被老师问询，心中已经一万个告诉自己下次不要迟到了。这位男生迟到不是经常，我们微笑问好，相较"下次不要晚了…"之类话语，更能让他缓解紧张心情，迎接美好的一天。

暗示的力量

《小王子》里写道："世界上,最有征服力的武器是语言,一句话可以让一个人心情跌入谷底,一句话也可以让一个人重振力量。"让我们来看一个实验,便会了解期望和暗示对孩子的巨大作用。

1968年,罗森塔尔和雅各布森在奥克小学一至六年级各选3个班的学生进行了一项心理实验:先在这18个班的学生中做了一番"煞有介事"的"预测未来发展"的测验,随后列出其中20%的同学名单交给老师,声称他们是"最佳发展前途者",并一再叮嘱:千万保密,否则会影响实验的正确性。而实际上,这些孩子完全是随机抽取的。8个月以后进行复试,奇迹出现了,名单上的学生(特别是一、二年级的学生),显示出明显的进步,且"活泼""求知欲强""师生关系良好"。一年后再进行一次测试,这些"最佳发展前途者"成绩仍在提高。只有个别班级学生未获得提高,原因是原任教师调走,新任教师不知谁是"最佳者",因而不能特殊地对待他们。

从这个实验中,可以看出,由于教师的期待和关爱,对学生的进步和成长产生了积极的影响。因为心理学家通过"权威的谎言"暗示教师,坚定了教师对名单上学生的信心,激发了教师独特的深情。教师掩饰不住的深情,通过眼神、举止、言语等传递给学生,使之更加自尊、自爱、自信、自强,从而产生了突出的效果。

在这个实验中,心理学家成功地运用了一种心理策略——暗示。心理学中,在无对抗的条件下,用含蓄、抽象诱导的间接方法,对人的心理或行为产生影响,使之按一定的方式去行动或接受一定的意见,使其思想、行为与暗示者的期望相吻合,这种现象被称为"暗示效应"。

千万别小看"暗示"的强大力量,我们所说的每一句话,影响的将是孩子的整个人生,所以,想要孩子成为什么样的人,就给他怎样的"暗示"。给孩子多一些积极暗示,少一些负面暗示,孩子就会在阳光、积极的状态下健康成长。

平时，我们对孩子性格中的优秀成分要敏锐捕捉，多说"我相信你下次会做得更好""你一直都是很棒的"这样语句，会引起孩子的身心愉悦，他们会做更好的自己。

表扬

老师们新接低年级班，往往出现这种情况：我们在讲话的时候学生各忙各的，不听；我们转身板书的时候学生叽叽喳喳，不看；我们让学生写字的时候，不写。

老师们各有妙招：眼神杀、面冷话少……对于低年级学生来讲，如何让学生愉快地接受，我逐渐摸索出以下有效做法。

第一，表扬一个人激励全班。

班里有个学生是公认学习最不专心的，老师你说你的，我干我的，特别是写字时，从来不动笔。在一次写字时，我鼓励他写一个词，写一个就成。他动笔写完后，我举起他的本给全班看，兴奋地说："×××今天写完一个词了，而且写得还这么好，太棒了，我们为他鼓鼓掌！"学生可能是被我的兴奋感染了，高兴地鼓起掌来。×××小声说："我会写。"之后，他一直跟着把全部的词语写完。全班学生写字的速度也在这种愉快的氛围中提高了。

第二，表扬一个团队激励全班。

总会遇到学生都没有精神的时候，这时根据具体情况我会说："第×组最先安静下来，给这个组每人奖励一颗星。""第×组坐得最端正，给这个组每人奖励　颗星。""第×组读书最认真，给这个组每人奖励　颗星。"当奖励的是团队时，学生的荣誉感更强，效果更好。

第三，表扬全班激励全班。

当全班表现都好的时候，我会说："咱班是老师遇上的最好的班，同学们怎么这么优秀啊！"同时伸出大拇指表扬。学生立刻表现更好，整节课都努力做好。

教育的本质在于激励和唤醒。这种理念在教育者心中生根后，师生呈现出的是一幅和谐、愉快的画面！

不以规矩，不成方圆

《孟子·离娄上》有言："离娄之明，公输子之巧，不以规矩，不能成方圆。"也就是说：生活处处需要规则，人们遵守规则，生活才会有秩序；否则，将出现大问题。

有这样一个家庭：父母双方都因为怕失去孩子的爱而不愿意立规矩。孩子才三岁，已经像个女王，动不动就对父母发号施令。在参加了规矩和爱的培训后，他们意识到了立规矩的必要性，但是谁都不愿意站出来唱黑脸（立规矩）。最后还是妈妈下了决心："那就我来立规矩吧。"听到妈妈这么说，那位爸爸如释重负，认为孩子会因着妈妈立规矩而更加亲近自己。两个月后的结果却让这位爸爸大失所望。他大惑不解地向我抱怨说："现在孩子越来越不在乎我。规矩都是妈妈立的，但是她却更在乎妈妈。妈妈对她好一点，她就高兴得不得了。我再怎么对她好，她都无所谓。"

这个案例告诉我们，一味满足孩子而逃避立规矩，孩子是不会有发自内心的敬畏的。失去这样的敬畏，爱就失去了力量，所以，合理的规矩在当下会暂时让人痛苦，但事后会让爱更有力量。

每接一个班，我都会给学生立如下规矩。

一、文明礼貌的规矩要遵守

1.使用文明用语：请、谢谢、您辛苦了……

2.不要打断别人说话，除非有很紧急的事。

3.见到师长主动问好，见到同学主动打招呼。

4.没有经过别人的同意，不要擅自拿别人的东西。

5.家里来了客人，要主动招呼客人并且让座。

6.犯错误时，要道歉，说"对不起"。

7.不能随便动手打人，即使再生气也不行。

8.外出时不能大声喧哗。

9.做客时,不要乱动乱翻别人的东西,也不要乱走动。

10.讲究公共卫生,爱护公物。

二、品格修养的规矩要遵守

1.要友好亲和,谦虚有礼,尊重他人,不伤害他人。

2.要学会宽容,不因他人过失而埋怨。

3.有好吃的、好玩的东西,要懂得分享。

4.尊重长辈,体贴帮助父母。

5.生活节俭,不互相攀比,不乱花钱。

6.要诚实守信,不能说话不算数,说到做到。

7.做错了事情,要勇敢承担责任,不要推卸责任。

8.遇到困难的时候,不要放弃,要记住,坚持到底就是胜利。

9.不要乱发脾气,学会控制自己的情绪。

10.朋友之间不要互相攀比,要相互真诚。

三、爱惜时间的规矩要遵守

1.做一个守时的人,遵守自己定下的时间。

2.做事不能拖拉,一定要在规定时间内完成。

3.不要把今天可以做的事,留到明天做。

4.半个小时的作业量,一定要在半个小时内完成。

5.每天按时上学、按时睡觉、按时起床。

6.吃饭时,不要一边吃一边看电视,时间容易流逝。

7.无论是写作业还是做其他事情,都要集中精力。

8.为了不浪费时间,一切生活与学习用品的摆放要有序,要有定规。

9.每天背一条"惜时"名言。

10.每天坚持按照学习任务的轻重缓急安排学习顺序。

四、学习习惯的规矩要遵守

1.学习新课文前,一定要提前预习。

2.老师布置的作业,要独立完成。

3.做完作业后,要及时回过头来检查。

4.坚持按时复习,重温旧知识。

5.每天坚持最少阅读半小时,做一个爱思考的人。

6.遇到问题,不懂就要问,及时解决。

7.每次考试后,都要有整理错题集的习惯。

8.书写要规范、工整、美观、大方。

9.每天大声朗读10分钟,声音洪亮有自信。

10.遵守课堂纪律,认真听讲,做好笔记,积极回答老师提出的问题。

规矩可以根据自己班级孩子存在的问题进行调整,规矩定好,学生慢慢会内化为他们自己的行为习惯,有利于孩子的健康成长。

大脑的海马区

在各科学习中，经常需要记忆，古法读书当天反复读，直至100遍，也是古人抓住了记忆的规律。说到记忆规律，就不得不提到脑科学。

大脑的海马区与人类的记忆有着很密切的关系。海马区位于大脑深处，靠近人的耳朵，左右各一个，小拇指大小，形似海洋里的海马，因此而得名。

脑科学界流行一个非常有名的案例：由于疾病原因，HM先生大脑的海马区必须要手术切除掉，自此以后该先生失去了形成新的长期记忆的能力。而后的多项病例的累积才让人们意识到"大脑的海马是形成新的记忆的器官"！

海马区中经常能观察到长时程增强现象。海马区的神经元（脑细胞）整齐地形成环状，上面伸展着很多细而长的纤维。刺激其中一个神经元，其他相连的神经元也会活动。如果给予神经元反复的刺激或强烈刺激，又或者同时多处刺激，之后哪怕是轻微的刺激，神经元也会进行强烈并持久地活动。

这种神经元信号传输中的持久的增强就是长时间增强现象，被认为是记忆的主要来源。

所以，反复记忆，就会形成长期记忆。

在脑科学理论中，根据记忆保留时间的长短，分为短期记忆和长期记忆。较短时间保存在大脑额叶和海马等部位的记忆是短期记忆，转入大脑皮层中的记忆就是长期记忆了。

但是，在想要记住什么的时候，在考虑什么时候复习更好的时候，假设一个像下面这样的"中期记忆"效果会更好。

短期记忆：几秒到1分钟左右的记忆。15秒后会遗忘90%。中期记忆：几秒到几天，最长一个月左右的记忆。9个小时后会遗忘大半。长期记忆：数周到数年的记忆。如果不把短期记忆变成中期记忆，不把中期记忆变成长期记忆，我们迟早会遗忘。其中的关键是中期记忆，首先要想转化为中期记忆，学习后立即复习是很重要的。然后，要将中期记忆变成长期记忆，一个月左右后的复习又是关键。

遗忘是正常现象，所以需要复习，要清楚知道复习时机。平时学习生活中，学生大块学习的时间比较宝贵，把"碎片时间"利用起来是不错的方法。比如坐地铁的时候，上课前的短暂空余时间，午休后，睡前的一小段时间。人只有15分钟的注意力集中时间，把这15分钟充分用于预习、复习，是非常有效的方法。

所以小学生可以重新审视一下自己的生活模式，看看自己一天中有多少碎片时间是可以利用起来的。及时、反复地预习、听讲、复习，久而久之，会形成良好的习惯，增长很多知识，学习也会不断进步。

飞轮效应

飞轮效应就是让静止的飞轮转动起来，一开始需要用很大的力气，当达到临界点的时候，飞轮的重力冲力就可以化为推动力，这时候无须再费力气，飞轮依然可以飞速前行。飞轮效应也适用于教育教学。

新接的二（4）班学生，是由来自两个学校不同班级的学生构成的。因此，有诸多问题要解决：比如习惯不同，首先是坐姿，是把手放桌上还是背后？比如齐读不了，因为学生发出的声音长短、高低、节奏都不一样。比如人多数学生彼此之间都叫不出名字，发本发不下去……

这么多年的教育教学经验告诉我：万事开头难；慢就是快。用飞轮效应的说法，就是我开始花费的时间多一些，当积累达到一定的程度，就能带来质的飞跃。

我的方法是刻意练习，拿练习起立问好来说，首先我让学生知道标准是什么，我亲自做示范。然后开始练习，一开始学生起立快慢不一样，接着就是问好的声音不齐，坐下节奏也是乱得很。第一天练习起立问好足足用了20分钟。每次哪儿不齐我都指出问题在哪儿，让学生知道正确的方向。我清楚地记得在练到第11次的时候，学生能达到比较齐了。因此我不说问题了，直接就是练习。以后每天都练习3—5分钟，一个星期就没问题了。

任何一件事情的完成和达到，最艰难的一定是刚刚开始的部分。飞轮效应让我在心理上有准备：最开始的行为养成，必然也是最让人难受的，度过了就柳暗花明又一村了。

猴子与果汁

新接一个班,总有家长向我反映:"孩子一写作业就喝水、上厕所、吃东西,每天的作业明明半小时可以写完,一拖就到了晚上九、十点。"听得出,家长是多么希望孩子自己学习动力十足,不需要催促就能够完成自己该做的事,能够自觉完成学习任务。让我们来看一个实验。

来自剑桥大学的学者沃尔夫拉姆·舒尔茨做过的猴子实验。在这场实验中,舒尔茨把果汁滴到猴子的舌头上,观察猴脑中多巴胺神经元的活动。

猴子非常喜欢果汁的味道,所以当果汁滴到它们舌头上时,猴脑中的多巴胺神经元就会做出反应,活动的数据会迅速出现峰状。

接下来,舒尔茨制作了一个装置来训练猴子,当红灯亮起时,拉下手柄就会有果汁滴下。几次三番后,猴子在红灯亮起时一定会拉下手柄。再观察这种情况下的猴脑中多巴胺神经元的活动后发现,瞬间活跃点变为红灯亮起的时候了,而且,在非常短的时间内形成峰值。

"亮了"的那一瞬间,达到峰值;"果汁"等于表扬(奖励);"拉手柄"等于学习。换言之,"红灯"意味着"学习的动力"。

多次重复"学了就会有奖励"后,纹状体就会产生"要不学一学吧"的念头,于是哗啦啦地活跃起来,孩子们的心也会朝着学习而去。

所以,如果您的孩子已经处于学习状态,就算只有10分钟,也一定要夸他一下。不要跟您心目中理想的孩子去比,就跟孩子的以前比。那么,想要找到孩子的一点点积极的变化就没那么困难了。

除了表扬、奖励之外,请不要忘记微笑,孩子放学了,父母笑眯眯地和他聊聊天,孩子的大脑处于积极的状态,完成作业就快了。

我们还要注意保持学习环境的整洁,要做到随时可以打开课本和作业本。能让孩子,哪怕是稍微一点点爱上学习的地方,就是"圣地"。孩子每次坐过去的时候,一定要真心诚意地夸他。

每天让孩子养成列作业清单的习惯，在学校就拿一个记作业的小本子，把每一项作业任务详细地记录到本子上，每完成一项任务，打一个钩，建立孩子的成就感。

当孩子遇到解决不了的问题的时候，我们一定要与孩子站在一起，比如背古诗，如果孩子记不住，我们不要指责孩子不努力、不认真，而是给他一个方法：可以一句一句地背，可以想象情境背，可以用手势帮助记忆等。

总之，引导、帮助孩子，要多给予正面的激励，形成正反馈，慢慢孩子就会有动力完成自己的学习任务。

狐狸法则

在一个班级里，我们时常会看到有些学生总是凭自己的喜好做事，比较自我，听不进他人的意见，他们几乎不会主动对他人付出爱，和家长沟通，他们往往是在父母溺爱下成长起来的孩子。这样的孩子往往以自我为中心，独立自主能力弱，会形成孤僻的性格。看到这样的孩子，我头脑中总会浮现出电影《狐狸的故事》中的场景。

在一个严寒的冬天，狐狸富来普和莱拉真诚地相爱了。莱拉生了5只小狐狸，它们在海边的沙丘上建立起了一个愉快、幸福的家庭。为了让孩子们能尽快地成长，富来普和莱拉日夜奔忙着寻找食物。

后来不幸的事接连发生：最小的琪尼塔双目失明；梅雨季节孩子们饥饿的叫声，使富来普和莱拉冒着生命危险去村子里偷鸡，莱拉不幸被夹子夹断了脚，因感染离开了富来普和孩子们。

狐狸妈妈不幸去世后，富来普担负起了抚养孩子的重任。它没有像母鸡孵小鸡那样把孩子们保护在身下，而是让它们出去独立生活。它严厉地教育它们，教给它们捕捉食物的方法、逃避危险的智慧，带着它们去做实习旅行。当小狐狸已经能独自捕食的时候，它们还想娇滴滴地在爸爸身边撒娇，但富来普已经决定把它们赶走。在一个风雪交加的夜晚，富来普把刚学会觅食的小狐狸全部赶到洞外。小狐狸站在风雪中凄厉地哀叫着，一次又一次试图回到洞里，可是每一次都被堵在洞口的富来普咬出去了。那些被富来普咬伤并赶走的小狐狸眼中充满着忧伤和委屈，然而富来普则是义无反顾的坚决和果断。

虽然琪尼塔的双眼已经瞎了，但是富来普也没有给它特殊的照顾，照样把它赶得远远的。因为富来普知道，没有谁能养它一辈子。小狐狸们从这一天起便长大了，那只瞎眼的小狐狸也终于学会靠嗅觉来觅食。

当狐狸爸爸再一次看到自己孩子的时候，虽然五个孩子中只剩下了两个，但它们已经变得更加健康强壮。

从狐狸法则可以得出：在自然界，孩子成年后就不能靠父母养活，得自己去生活，这是残酷的生存法则。这个故事能让孩子知道如果他不知道如何生存，那么他将被社会无情地淘汰。

对于过度溺爱的孩子，我们要有原则性对待孩子的要求。孩子小，欲望无穷大，父母应该明确告诉他，哪些可以，哪些不可以。对于孩子过分的无理要求，父母一定要狠下心，哪怕他哭闹打滚，在保证安全的情况下，任他发泄，不要理会他，等他闹累了，知道这无济于事的时候，他就明白这样是没用的，达不到目的。引导孩子养成一定的学习与行为习惯，日常的生活习惯，对人礼貌，学会与同龄人的融洽相处。当孩子做的好的时候，可以适当表扬和给予奖励，让他知道哪些事情是对的。

爱孩子是一种天性，是没有错的，但过于溺爱对孩子的成长是不利的。适时放手，让孩子慢慢适应真实的社会环境，让孩子独自探索成长的意义，帮助孩子克服内心的恐惧，才会打开新世界的大门。

顽童做州长

李白在《乐府·将进酒》中写道:"天生我材必有用"。孟子说:"心之官则思,思则得之,不思则不得也。"所有成功者最初都是从一个小小的信念开始的,信念是所有奇迹的萌发点。

罗杰·罗尔斯是曾任纽约州长,也是纽约历史上第一位黑人州长。他出生在声名狼藉的大沙头贫民窟。在这儿出生的孩子,长大后很少的人获得较体面的职业。然而,罗杰·罗尔斯是个例外,他不仅考入了大学,而且成了州长。在就职州长的记者招待会上,当记者们问他是如何登上州长宝座的,罗杰·罗尔斯却提到了对他的人生具有非凡意义的一个名字——皮尔·保罗。这个名字对记者们来说很陌生,因为他不是名人,也不是政要,却是深藏在罗杰·罗尔斯心中的力量。皮尔·保罗是他的小学校长,是曾经给他最大期望、最多鼓励、最大赞扬的老师。正是因为这位老师,罗尔斯才会有今天的成就。

让我们把目光投向小时候的罗杰·罗尔斯,我们会发现,其实他在读小学的时候,也跟其他的孩子一样顽皮。当时流行嬉皮士文化,学生们都受到这种文化的影响。罗杰·罗尔斯当时太调皮了,经常逃课,上课也不好好听讲;还经常和同学打架,身上总是挂彩;甚至还搞恶作剧,破坏学校的公物,打碎教室的玻璃……种种恶行,让老师头痛不已,也让家长束手无策。

就在这个时候,皮尔·保罗走进了罗杰·罗尔斯的人生,他成了罗尔斯就读的诺比塔小学的新校长。保罗是一个有责任心的人,当他看到这些学生顽皮捣蛋时,也是非常着急,他希望能够改变这些孩子,同时也意识到,必须从心灵上感化他们。小罗尔斯从教室的窗台上跳下来,准备上讲台捣乱时,被经过的保罗校长逮个正着。小罗尔斯本以为要挨训,不禁耷拉下了脑袋,等待着校长的长篇大论。结果这些都没有发生,校长反而诚恳地看着他的眼睛,告诉他:"我一看你修长的小拇指就知道,将来你一定会是纽约州的州长。"校长一直笑意盈盈地看着他,罗尔斯听了这话,觉得不可思议。我将来会当纽约州州长?

他在心里问自己，校长仿佛知道他内心的想法，坚定地告诉他："是的，你将来一定会是纽约州州长，但是从现在起，你要努力哦。"

校长语重心长的话语，对小罗尔斯极具震撼力，给了他勇气和信心。之前他从来没有想过，自己将来会当州长，家人对他的期望也不过是长大后可以做个船长。从那时候起，纽约州州长就成了罗尔斯的行动目标。他每天都会收拾得干干净净去上学，而不再像以前那样脏兮兮的；他说话变得十分有礼貌，而不像以前那样满嘴脏话；他做事也变得积极高效，而不像以前那样拖沓和漫不经心……他在用纽约州州长的标准要求自己，他改变了，甚至成了学生会主席，然后又成为为数不多的考上大学的学生。在40多年的时间里，他一直在为此努力奋斗，在51岁时，他终于如愿成为纽约州的州长。

顽童也可以做州长，对于在贫民窟长大的孩子，家庭和学校一般都对他们不抱多少期望，不相信他们将来能有多大出息。孩子们在这种环境下长大，最后也都成为社会底层的劳动者。值得庆幸的是，在罗尔斯小时候，他遇到了一位好老师——皮尔·保罗，正是他给了罗尔斯远大的期望：纽约州州长。而罗尔斯也将老师的期望转变为自己的期望，一直朝着纽约州州长的目标努力前进，从来没有偏离和放弃，40多年之后，他终于做到了。罗杰·罗尔斯自己说，他给自己树了一面旗帜：纽约州州长。这成为他的人生目标，正是如此，他才实现了梦想，走向了成功。

其实，每一个孩子都可以成功，都可以做出非凡的成绩，老师和家长要多给孩子期望、爱和关心，像罗尔斯那样的顽童，在那样恶劣的环境中，都能成长为州长，其他孩子经过努力，也会实现自己的梦想。

母仪天下的花朵

美国著名成功学大师拿破仑·希尔说:"播下一个行为,收获一种习惯;播下一个习惯,收获一种性格;播下一种性格,收获一种命运。"

《伊索寓言》中有这样一则故事:约在公元前250年,有位埃及王子即将登基,不过根据律法,登基前必须先结婚。

未来的王后要母仪天下,因此,必须要能让王子充分信任才行,所以王子听从智者的建议,召见当地所有年轻女子,打算从中挑选最合适的人选。一位在宫廷服务多年的女婢听到消息,感到非常难过,因为她的女儿,偷偷地对王子起了好感。她回家后告诉女儿,知道女儿想去一试,心里非常恐惧。"女儿啊,你去了又有什么用?全城最有钱、最漂亮的小姐全部都会去的。我知道你一定很痛苦,不过还是理智一点好。"

女儿回答:"妈,我神智很清楚,我知道不会有幸中选,不过趁这个机会,至少能接近王子一下,这样我就心满意足了。"

当天晚上,女儿抵达皇宫时,现场的确佳丽云集,华服与珠宝令人目不暇接,她们都准备好要把握良机。王子宣布要进行一场竞赛,发给每人一颗种子,六个月后,能种出最美丽花朵的人就能成为未来的王妃。

女儿把王子给她的种子种在花盆里。由于她对园艺并不在行,所以费了很多心思准备泥土。她相信,如果花朵能长得和她的爱一样大,就不用担心结果如何。

然而三个月之后,花盆里连根芽都没有长出来。她百般尝试,也请教过花匠,学过各种各样的种植方法,却是一无所获。尽管她对王子的爱依然真挚,但觉得美梦离她越来越远。

六个月过去了,她的花盆里什么也没有长出来。尽管如此,她还是告诉母亲,要依约回到皇宫。她心里知道,这是最后一次和心爱的人见面了,再怎么样也不能错过这个机会。

待到众佳丽回来晋见王子的那天，女孩端着什么植物也没有的花盆进入皇宫。她看到其他人的花都长得枝繁叶茂、争奇斗艳，花形和颜色都有天南地北之别。

最后一刻终于到了。王子进入宫殿，仔细看了大家培育出来的花朵。看完之后，他有了中意的人选，宣布将迎娶这位婢女的女儿为妻。

其他的小姐愤愤不平，表示他选中的人根本什么都没有培植出来，怎么可以做王妃？

王子心平气和地解释这次比赛的结果："这位小姐种出了唯一得以母仪天下的花朵，那就是诚实的花朵。我发下去的种子全部都是煮过的，再怎么种也种不出花朵来。"

在教育过程中，有时候会发生学生做错事而说谎的事情，老师和家长对于这样的事情千万要重视，否则谎话会越说越多，越说越高明，形成恶性循环，对学生的成长是非常不利的。因此我们要教给孩子待人处世的原则和做人的标准。让孩子认识到播种一颗诚实的种子，也许会收获一个园子的成功果实。

学贵有疑

古人云:"学贵知疑,小疑则小进,大疑则大进。"有疑才会有问,有问才会有思,之后才会有新的发现,寻找到新的解决问题的方法。亚里士多德说:"思维自疑问和惊奇开始。"不管是牛顿、瓦特,还是爱因斯坦,这些大科学家、名人的成长历程中,几乎都有少年爱问的故事。

孙中山小时候在私塾里读书,那时候上课,先生念,学生跟着念,咿咿呀呀,好像唱歌一样。等到学生读熟了,先生就让他们一个一个地背诵,而至于书里的意思,先生是从来不讲的。

有一天,孙中山来到学校,照例把书放到先生面前,流利地背出昨天所学的功课。先生听了,连连点头。接着,先生在孙中山的书上又圈了一段。他念一句,叫孙中山念一句。孙中山会读了,就回到座位上练习背诵。孙中山读了几遍,就背下来了。可是,书里说的是什么意思,他一点也不懂。孙中山想,这样糊里糊涂地背,有什么用呢?于是,他壮着胆子站起来,问:"先生,您刚才让我背的这段书是什么意思?请您给我讲讲吧!"

这一问,把正在摇头晃脑高声念书的同学们吓呆了,课堂里顿时变得鸦雀无声。先生拿着戒尺,走到孙中山面前,厉声问道:"你会背了吗?"

孙中山回答说:"会背了。"说着,就把那段书一字不漏地背了出来。先生收起戒尺,摆摆手让孙中山坐下,说:"我原想,书中的道理,你们长大了自然会知道的。现在你们既然想听,我就讲讲吧!"先生讲得很详细,大家听得很认真。

后来,有个同学问孙中山:"你向先生提出问题,不怕挨打吗?"孙中山笑了笑:"学问学问,不懂就要问。为了弄清楚道理,就是挨打也值得。"

我们在平时教学中可以让学生每天整理疑问清单。因为在每天的学习过程中,学生都有许多疑问,将这些问题记录下来后,不让问题过夜。人都有懒惰心理,有的学生在遇到一道难题的时候,总想对自己说:放弃吧;明天再来做吧。既然是今天遗留下来的问题,那就今天解决,而不需要把难题留到明天解决。自己如果不能独立解决,也要请教父母或同学将难题解决了,而这个过程所留给自己的印象也是非常深刻的。

在挫折面前

在成长的过程中，遇到了挫折难免会退缩，因此面对挫折，良好的心态非常重要。

有一天，素有"森林之王"之称的狮子来到了天神面前："我很感谢你赐给我如此雄壮威武的体格、如此强大无比的力气，让我有足够的能力统治这整片森林。"

天神听了，微笑地问："但是，这不是你今天来找我的目的吧？看起来你似乎为了某事而被困扰着！"

狮子轻轻吼了一声，说："天神真是了解我啊！我今天来的确是有事相求。因为尽管我的能力再好，但是每天鸡鸣的时候，我总是会被鸡鸣声给吓醒。神啊！祈求您再赐给我一种力量，让我不再被鸡鸣声给吓醒吧！"

天神笑道："你去找大象吧，它会给你一个满意的答复的。"

狮子兴冲冲地跑到湖边找大象，还没见到大象，就听到大象跺脚所发出的"砰砰"响声。

狮子加速地跑向大象，却看到大象正气呼呼地直跺脚。

狮子问大象："你干吗发这么大的脾气？"

大象拼命摇晃着大耳朵，吼着："有只讨厌的小蚊子，总想钻进我的耳朵里，害得我都快痒死了。"

狮子离开了大象，心里暗自想着："原来体型这么巨大的大象还会怕那么小的蚊子，那我还有什么好抱怨的呢？毕竟鸡鸣也不过一天一次。而蚊子却是无时无刻地骚扰着大象。这样想来，我可比他幸运多了。"

狮子一边走，一边回头看着仍在跺脚的大象，心想："天神要我来看看大象的情况，应该就是想告诉我，谁都会遇上麻烦事，而它并无法帮助所有人。既然如此，那我只好靠自己了！反正以后只要鸡鸣时，我就当作鸡是在提醒我该起床了，如此一想，鸡鸣声对我还算是有益处呢！"

在孩子成长的路上，我们教孩子把障碍当作一个新的已知条件，那么任何一个障碍都会成为一个超越自我的契机。著名科学家居里夫人说："我的最高原则是：不论任何困难，都绝不屈服！"保持乐观的态度，用积极的态度去应对周围的一切，提升孩子的适应能力和自我解决问题的能力，才能让孩子有应对挫折的强大内心。

学书法

在中国台湾的教育界有句名言，就是"学书法的孩子不会学坏"，根据调查，一般学习书法的孩子学习成绩好的比例很高，而犯罪的比例却非常少。而最重要的是书法本身的潜移默化的教化功能，使得孩子在学习书法的同时在学习美，感受美，还在实践美。一个美的环境对于陶冶孩子的心灵和性情无疑是大有裨益的。

我让二年级学生每周自愿上交一幅书法作品，每次都找班里写得最好的小赵同学点评，小赵同学点评不到位的地方我补充，开始交作品的同学只有几个，可是眼看着每次交书法作品的同学写字越来越好，不少同学也加入进来，而班里整体书法水平也在提高。

郭沫若先生说："培养少年儿童写好字，不一定人人都成为书法家，但总要把字写得合乎规范，比较端正、干净、容易认。"是的，当学生把字写得清楚、美观后，看的人真是一种享受。但练好字真是需要勤学苦练的。

张旭是唐代著名的书法家。有一年，酷爱练字的颜真卿弃官投到张旭门下学习书法。他原以为在名师的门下学习，很快就能够掌握写字的窍门，从而一举成名。但拜师以后，张旭却没有告诉他练字的秘诀。他只是给颜真卿简单地指点一下字帖的特点，介绍了一些名家字帖，让颜真卿临摹。有时候，张旭喝上点酒后，就带着颜真卿去爬山，去游泳，去赶集，去看戏，回到家后又让颜真卿练字，或让颜真卿看他挥毫疾书。

转眼间，过了几个月，颜真卿得不到老师的书法秘诀，心里十分着急。他决定亲自向老师讨教。

有一次，张旭又兴冲冲地拿起了笔，颜真卿趁机走上前去，深施一礼，恭恭敬敬地叫了一声："老师！"

张旭抬起头看着颜真卿，关切地问道："有事吗？"颜真卿壮着胆子，红着脸说："我想让老师传授给我书法秘诀。"

听了他的话，张旭又好气又好笑，但念颜真卿为人忠厚耿直，便语重心长地对他说："学习书法，要勤学苦练，同时还要从自然万象中接受启发。这些为师不是多次给你讲过了吗？"

颜真卿听了，以为老师还有所保留，又向前一步，施礼恳求："老师所说的这些道理我都已经知道了，我现在最需要的就是能够将字写好的秘方。学生弃官从师，就是为了这个，还望老师多多赐教。"

张旭听了，眉头紧皱，但还是耐着性子开导颜真卿："只有通过苦练，才能够写一手好字，再也没有其他的办法。"

对于老师的开导，颜真卿仍认为是推托之词，于是双膝跪地，继续苦苦哀求。

张旭见这个学生根本听不进自己的话，一心只想要秘诀，心中十分不快。为了能让他醒悟，他终于沉下脸来，厉声喝道："你想要秘诀是吧？好的，我现在就告诉你：凡是一心寻求什么诀窍，不肯下苦功夫的人，是不会取得任何成就的。"

张旭说完，便挥毫写自己的字，不再理他了。

颜真卿终于醒悟了，他明白了学习之道。之后他勤学苦练，潜心揣摩前辈笔法，从社会生活与自然景象中领悟运笔的神韵，进步很快。后来他写的字端庄雄伟。

经过不断努力，颜真卿终于成为一名著名的书法家。

学习书法并无捷径可走，只有从一点一滴学起，由笔画到结构再到章法，多临摹，多创作广取博收，拓宽视野，记之于心，熟之于手，达到心手相应，创作忘我方为佳境。

罢工通知

一位教育家说过："在孩子的心灵播种理想，就会收获行为；播种行为，就会收获习惯；播种习惯，就会收获品德；播种品德，就会收获命运。"这句名言道出了良好道德习惯的养成对于一个人的成长极为重要。

体验法，指通过亲身实践来认识和体会养成好的习惯的重要性，从而强化好的行为习惯，削减不好的行为的出现。我教的班上出现了这样的两个同学。

中午，正是学生用餐时间，我上楼时却看到址里的小司同学站在楼道中间，眼睛盯住每一个上楼来的人。我问她："怎么没去吃饭呢？"她弱弱地回答："我妈妈没给我带餐具，我在这等她给我送来。"

看来小司同学的餐具一直是由妈妈准备。

只要一下课，小午同学就会来到我身边，问：老师，我可以做这件事吗？老师，我能做那件事吗？从小午妈妈那儿了解到，小午事无巨细都要经妈妈允许，在家里连他可以吃这个菜或那个菜吗？都要问一问。

小午的这种大事小事都要经大人允许的习惯是有问题的。

有一个美国孩子，他的妈妈想从小培养他做事的好习惯，就要求这个孩子负责洗碗。美国孩子不同意，就是不肯洗碗，妈妈说了很多次，孩子就是不配合。这个美国妈妈见跟孩子说理无效，当天就在家门上贴了一张纸条，上面写着四个字：罢工通知。理由如下：因为妈妈工作很辛苦，想让孩子给帮帮忙，洗洗碗，但因为孩子只知道享受权利，却不肯尽义务，所以，从今天起，妈妈不做饭了，各人自行解决吃饭问题。美国妈妈当天就一个人在外面吃，连着几天不肯做饭。这个孩子真急了，不可能天天啃面包呀，自然投降。主动跟妈妈承认错误，要求洗碗。妈妈说："不是洗一天，要洗就得洗一年。"孩子说："行呀，只要你做饭，洗碗我包了，别说洗一年，洗十年也行呀。"

对比来看，小司和小午已经二年级了，小司头天自己准备餐具是没问题的。小午也应慢慢体验自己拿主意，自己做的决定自己负责。作为家长，无论是孩子的思想还是行动，都要由扶到放。习惯一定要从小培养，因为孩子越小，可塑性越强，越容易塑造。良好习惯会给人带来好处，当孩子自己体验到这种好处以后，会更加明白养成好习惯的重要性，促进其他良好习惯的养成。

自控

环境是一种刺激，不同的刺激能使孩子产生不同的行为。控制住这种刺激，也就控制了孩子的行为。"孟母三迁"，实际上就是看到了环境对孩子行为的影响而实施的一种刺激控制。这种从源头上控制习惯形成因素的培养方法，就叫作刺激控制法，也可以叫作环境改变法。

对孩子来说，最好是"自控"和"他控"相结合。因为青少年已经有一定的自我控制能力，"自控"能更多地调动起孩子自身的力量，而"他控"则能使孩子在需要帮助的时候得到必要的支援。

北京首都图书馆有个儿童图书馆，儿童图书馆除了儿童书籍数量多、种类多之外，还有阅览区。阅览区的儿童大多有家长陪同，有2岁多的儿童由家长手捧书籍给孩子轻声读，有稍大的儿童是家长和儿童共读一本书，还有已经上学的儿童他们独立阅读书籍。

去图书馆或书店看书氛围好，大家都在看书，让儿童也不知不觉融入其中，所以读书效率更高。开始儿童是受周边读书人的影响读书，慢慢转化为自己想读书，实现自控。

榜样

孔子曰:"见贤思齐焉,见不贤而内自省也。"教育家乌申斯基说:"榜样对儿童的心灵是一股有益的阳光。"以榜样引导儿童,开展榜样教育具有重要价值,也历来为中外教育家所重视。

心理学中把"个体有时会通过特别的心理动机,有选择性地吸收、模仿某些特殊的人或物"称为"仿同"作用,个体仿同是一种吸收或顺从另外一个人或团体的态度、行为的倾向。青少年常常会模仿身边同龄朋友的言行举止,因为他们的生活环境相似。

小赵同学在新接的二(4)班中是写字最工整、美观的。和小赵饭后聊天,我知道了他每周练三次硬笔书法,每次练习40分钟,已经坚持好几个月了。

识字是低年级儿童学习的重点,可我们班的写字水平差强人意。田字格摆在那,应该居中写字,可有的学生写的字充满整个格,有的写的字很小;横钩写成横折钩的;小点写成短撇的,长撇写成短撇的,各种不规范。

小赵是个很好的榜样啊!我需要在一个场合隆重推出小赵!我向小赵的妈妈要了他的书法作品及一张正在写字的照片。

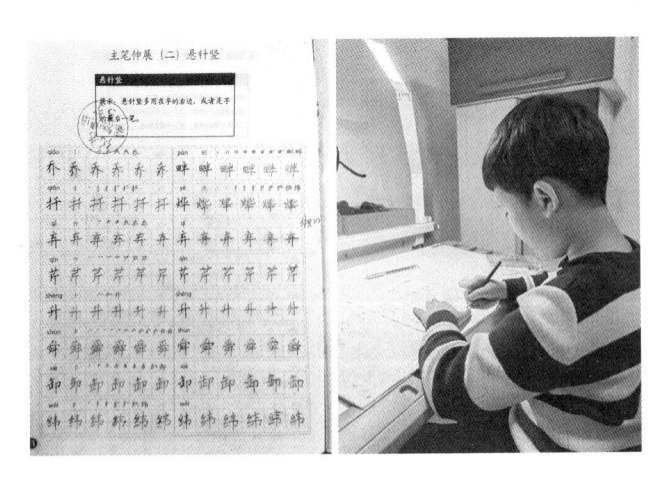

在学校的骨干展示课上，学生写字之前，我请学生先欣赏三幅写字作品，这些作品书写工整、规范、美观，学生瞪大眼睛，从眼神中我看出他们的羡慕、敬佩之情。随后屏幕上出现小赵正在灯光下练字的照片，学生们鼓起掌来。我让小赵简单说说练字的时间和经历，并鼓励同学们向小赵学习。

榜样的力量是无穷的。有小赵的榜样作用在先，我在课上，又培养学生认真写字的习惯：我一笔一笔认真地范写，学生一笔一笔认真地学写。很快，学生的课堂作业正确率高了，95%的学生写字是规范、美观的。

小学生要培养好的习惯，榜样是一种不可缺少的力量，尤其是同龄群体的影响力更不容小视。

代币奖励

接班一个月后，学生的变化还是显而易见的。比如我讲课时学生做小动作的没有了，同学之间交头接耳的没有了，不听讲的没有了。我认为这是源于学生都有上进心，都有集体主义观念，还有就是代币奖励法的使用。

行为学认为，每当孩子出现适宜行为时，教育者若能及时给予肯定或奖励，他发生这种行为的概率就会大大提高。但是，如果孩子的每一次、每一个好行为都得到奖励的话，教育者就会应接不暇。于是，行为科学就采用筹码制度来解决这个难题。这种筹码（即"代币"）就像电子游乐场用来代替硬币的铜板，孩子每一次好行为都可以得到一枚"代币"，当"代币"积累到一定数目时，就可以换取某种奖励，这就是代币法。

在山东潍坊培训时，不经意中我看到商店里有出售各种颜色蝴蝶的磁扣，这些磁扣能够粘在黑板上。不要小瞧这些磁扣，在我接的这个班级里起到了巨大的作用。我首先定出奖励制度：各组在课堂纪律，课堂好习惯，积极举手回答问题……表现好就会得到一只蝴蝶，组长负责记录，10只蝴蝶换一颗五角星，5颗五角星集齐，换得一张奖状。

每次上课，我都提前进入课堂，把6个组的组号先写上。课上，坐姿好，贴一只；写字速度快，贴一只；举手的人数多，贴一只……美丽的蝴蝶让学生规范了自己的行为习惯。

代币法的主要目的在于培养动机，这种方法有利于刺激孩子保持良好行为的积极性，使良好行为的持续出现成为可能，最终促进良好行为习惯的养成。

言传身教

"言传身教"出自《后汉书·第五伦传》,意思是一面口头上传授,一面行动上以身作则,指言语行为起模范作用。"欲教子先正其身。"孩子善于模仿,模仿产生的效果好坏,取决于他所模仿的对象是怎样的。而父母正是孩子天然绝佳的模仿对象,父母的习惯不好,想让孩子养成好习惯是很难的。苏联教育家克鲁普斯卡娅也说过类似的话:"父母是天然的教师。"父母的言传身教,对孩子是一种潜移默化的教育。

北宋杰出史学家司马光,著述颇丰,其名著《资治通鉴》是我国一部很有价值的历史著作。他的生活十分俭朴,工作作风稳重踏实,更把俭朴作为教子成才的主要内容。

在司马光的一生中,流传着许多动人的故事。据有关史料记载,司马光在工作和生活中都十分注意教育孩子力戒奢侈,谨身节用。他在《答刘蒙书》中说自己"视地而后敢行,顿足而后敢立"。为了完成《资治通鉴》这部历史巨著,他不但找来范祖禹、刘恕、刘攽当助手,还要自己的儿子司马康参加这项工作。当他看到儿子读书用指甲抓书页时,非常生气,认真地传授了他爱护书籍的经验与方法:读书前,先要把书桌擦干净,垫上桌布;读书时,要坐得端端正正;翻书页时,要先用右手拇指的侧面把书页的边缘托起,再用食指轻轻盖住以揭开一页。他教儿子:做生意的人要多积蓄一些本钱,读书人就应该好好爱护书籍。为了实现著书立说治国鉴戒的理想,他15年始终不懈,经常抱病工作。他的亲朋好友劝他"宜少节烦劳",他回答说:"先王曰,死生命也。"这种置生死于不顾的工作、生活作风,使儿子同僚们深受启迪。

在生活方面,司马光节俭纯朴,"半生衣取蔽寒,食取充腹",他常常教育儿子说,食丰而生奢,阔盛而生侈。为了使儿子认识崇尚俭朴的重要,他以家书的体裁写了一篇论俭约的文章。在文章中他强烈反对生活奢靡,极力提倡节俭朴实。

他还不断告诫孩子说：读书要认真，工作要踏实，生活要俭朴，表面上看来皆不是经国大事，然而，实质上是兴家繁国之基业。司马光关于"由俭入奢易，由奢入俭难"的警句，已成为世人传诵的名言。在他的教育下，儿子司马康从小就懂得俭朴的重要性，并以俭朴自律。他也以博古通今、为人廉洁和生活俭朴而称誉于后世。

父母的言传身教，是要让孩子学习父母身上的优良品质，培养出更好的习惯。

对于习惯培养来说，身教大于言传。卢梭说过，世上最没用的三种教育方法就是：讲道理，发脾气，刻意感动。而简简单单的言传身教，却是最有效也是最难实现的。因为习惯大多是在琐碎小事和日常生活中培养的。父母给孩子树立一个好榜样，就是在对孩子进行无声的习惯培养。

家庭熏陶

在生活中，我们看到爱读书的家庭，孩子也爱读书；喜欢书法的家长，孩子也对书法有了兴趣；诗词大会经常看到孩子爱上诗词是因为家长对此情有独钟。这就是家庭熏陶的作用。

家庭环境熏陶就是在家庭生活中，长年累月、潜移默化地熏陶孩子，使孩子养成良好的习惯，形成良好的情感，是一种以隐形教育为主的间接教育法。

许多教育家都很重视这种方法在孩子成长中的作用。朱庆澜先生把家庭的生活环境比喻为"家庭的气象"，认为"家庭的气象教育"十分重要，他指出："气象就是这个样子，家里是个什么样子，小孩子一定变成那个样子。家庭气象，好比立个木头，小孩子好比木头的影子，木是直的，影子一定直，木是弯的，影子一定曲。"

国外教育家多萝茜·洛·诺尔特认为"孩子们从生活中学习"。他的"十八个如果"也强调了生活环境对儿童精神世界的影响："如果一个孩子生活在批评之中，他就学会了谴责。如果一个孩子生活在敌意之中，他就学会了争斗。如果一个孩子生活在恐惧之中，他就学会了忧虑。如果一个孩子生活在怜悯之中，他就学会了自责。如果一个孩子生活在讽刺之中，他就学会了害羞。如果一个孩子生活在妒忌之中，他就学会了妒忌。如果一个孩子生活在耻辱之中，他就学会了负罪感。如果一个孩子生活在鼓励之中，他就学会了自信。如果一个孩子生活在忍耐之中，他就学会了耐心。如果一个孩子生活在表扬之中，他就学会了感激。如果一个孩子生活在接受之中，他就学会了爱。如果一个孩子生活在认可之中，他就学会了自爱。如果一个孩子生活在承认之中，他就学会了要有一个目标。如果一个孩子生活在分享之中，他就学会了慷慨。如果一个孩子生活在诚实和正直之中，他就学会了什么是真理和公正。如果一个孩子生活在安全之中，他就学会了相信自己和周围的人。如果一个孩子生活在友爱之中，他就学会了这世界是好地方。如果一个孩子生活在真诚之中，他就会头脑平静地生活。"可见，家长要组织好家庭生活，使孩子生活在理想的环境之中，把孩子培养成为自己所期望的人。

良好的家庭环境是有团结、和谐、平等的家庭关系；有高尚的精神情趣；有浓厚的学习气氛。不知不觉、一点一滴地渗透给孩子，孩子也会"如入芝兰之室，久而自芳也"。

情绪疏导

萧伯纳说:"人们总是责怪环境造成自己的困境,我不相信环境。人们出生在这世上,都在寻找自己所需要的环境。如果找不到,就应当自己去创造。"孩子一天天长大,心理变化日新月异,情绪问题常常干扰养成教育的正常进程,影响孩子的前进。孩子的情绪好,教育就容易进行。因此,帮助孩子做好情绪疏导,使其保持健康的、积极的心理状态,很有必要。

四年级我接的班里有一个学生小杨,我发现学生都不爱理她,她主动和别的同学说话,他们也是置之不理。小杨学习较差,难道是这个原因吗?

我和低部小杨的原班主任和她原班级的学生了解到:小杨父母离异,她和母亲生活,母亲早上三四点钟就出去摆摊卖小商品,晚上7点收摊,无暇管理小杨。小杨平时也脏兮兮的,有一次她的脚不小心陷进厕所坑里,学生就因为这个比较嫌弃她。

我和小杨谈心,小杨也不爱说话,嘴角向下,眼皮也不抬一下,感觉她已经默认了这种局面。我和她谈心,了解到她有时也会陪妈妈早晨出摊。

我在班里夸了小杨,夸她懂事、勤奋。同学们看小杨的眼光不是看不起了。

之后,小杨一旦为班里做了好事,我都表扬。

小杨渐渐自信起来。小杨的同桌是一个很有同情心的孩子,我会偶尔看到他帮助小杨,后来,帮助小杨的同学越来越多。

大约几周之后,我又找小杨谈心,她总是笑着看着我,我了解到她每天都按时写作业。

小杨的学习成绩也渐渐提高上来了,经常得80多分。

小杨一开始的不良情绪影响了她的学习、生活,一旦形成积极心态,各方面突飞猛进。

对于小杨,是我帮助她认识自己。在平时的教育中,我们还是要引导学生进行自我归纳,发掘和识别自己,抛弃不良情绪,学会自我疏导,保持积极心态。

天下大事必成于细　天下难事必成于易

"天下大事必成于细，天下难事必成于易"。从最简单的开始做起，往往能帮助我们获取更多的自信。循序渐进，按步骤进行，是我们做事情要遵循的基本规律。在培养学生养成良好习惯的时候，要根据学生的年龄和心理特点，按照层次将较大的目标分解成一个个小目标，这样学生便能由浅入深、由简到难地渐渐养成好习惯。

班里的小王同学一到听写，10个词只能对一两个，有一次"看拼音写词语"竟然交了白卷。二年级识字量很大，倘若依然如此，那他就渐渐跟不上进度了，到了三年级有了阅读、有了作文，难度加大，小王同学连字都不认识，又怎么去完成这些任务呢？

我把第一单元"看拼音写词语"的小卷撕成了三份，我带着小王同学一份一份地练。在练习当中我发现他拼音问题很大，我再一个一个教他。经过反复练习，他第一份能够全对。我们都高兴极了，我奖励他一颗星，让他再接再厉。小王同学的自信心上来了，下面两份经过不懈努力，也都全对了。

第一单元能够全对，第二单元虽然错的也比较多，但相比第一单元，已经好多了。相信这样坚持，小王同学跟上进度问题不大，最主要的是他对自己有了自信，养成了自己课下努力练习的行为习惯。

学生不是"标准件"，习惯培养要尊重他们的个体差异。对于个别学生，目标分解要具体。把大目标分解成小目标，把远目标变成近目标，把模糊的目标变成具体的目标。从最简单的开始做起，往往能帮助学生获取更多的自信。

行为契约

为了帮助孩子树立好习惯，父母必然要对他每天的言谈举止观察、监督、指正、表扬或批评，孩子也觉得自己的一言一行总是被大人"说东道西"，父母"啰唆"和"唠叨"很容易激起情绪上的对抗。怎么办呢？这时，父母和孩子最好平心静气，坐下来好好谈一谈，可以试试行为契约法。

行为契约是针对父母和孩子双方的，是父母和孩子经过谈判、共同协商而形成的一种对双方行为都有约束力的书面约定。

以下行为契约家长们可以试一试。

一、做作业好习惯

1.专心致志，不想别的事。

2.坐姿端正。

3.在规定时间内完成作业。

4.字迹工整漂亮。

二、双方改进清单

父母认为孩子可以改进的行为有：

1.休息日锻炼。

2.每天看书半小时。

孩子让父母可以改进的行为有：

1.不要唠叨。

2.进我房间要敲门。

3.不要随意骂我。

三、兴趣清单

1.完成作业当天可以看动画片或玩30分钟游戏。

2.干家务可以得到若干零用钱。

3.一个月坚持按时完成作业可以去某地玩。

　　行为契约内容的确定还是要根据父母和孩子行为习惯方面的问题来制订，在实施过程中要有小结，多鼓励。

　　行为契约帮助孩子自我观察，建立良好行为，父母省去了许多说教，亲子之间的情绪冲突大大减少。有助于建立亲子之间相互尊重、相互信任、平等待人的人格关系。

行为训练

严格要求，反复训练，是形成良好习惯的最基本的方法。实践证明，真正的教育不在于说教，而在于训练。如果只停留在口头，习惯培养一定没有真正的生命力。只有反复训练才能形成自然的、一贯的、稳定的动力定型，这是由人的生理机制决定的。

比如人们开始学车时，对于开车的很多动作都不太熟悉，特别是倒车，但连续不断的重复，会刺激大脑的信号传输通道。每重复一次这个动作，细胞间信号传递就会得到改善，神经传导就会变得更加紧密。大脑是越使用越强大，动作重复得越多，大脑的反应就越快。这不禁让我想起王献之与十八缸水的故事。

王献之是东晋著名书法家王羲之的儿子。受王羲之的影响，王献之小的时候也对书法十分感兴趣，王羲之为了考验自己的儿子是否是练书法的坯子，在王献之聚精会神地写字时，悄无声息地走到王献之的身后，伸手用力地抽离王献之手中的毛笔，只见毛笔仍旧纹丝不动地紧握在王献之的手里。眼见儿子小小年纪竟有如此握笔劲道，王羲之为此高兴不已，称赞王献之将来也会是个书法大家。

王献之听完老爹的夸赞后，不免有些飘飘然。王献之年小志大，在十来岁时，决心要赶上父亲的名望，便有些急于求成。一日，他趁父亲表扬他的机会，向父亲讨求练字的秘诀，王羲之听罢微微一笑，招招手把献之领到庭院中，指着院中十八口大水缸说："练字的秘诀就在这18口缸的水里，从明天起，你就用这缸里的水磨墨，直到18口缸中的水全用完了，秘诀也就知道了。"王献之非常聪明，知道父亲话里的深刻含义，就夜以继日地舀水研墨，越发苦练起来。

五年后，王献之将自己这些年练习积累的字又拿给王羲之指导，其实王献之这时候的书法已经足够完美了，面对王献之的作品，王羲之还是觉得美中不足，在看到一个"大"字时才提笔在大下面加一个点，成了"太"字。王献之自我感觉良好，又拿着书法去给母亲看，他的母亲观摩了很久，看到这个"太"字时，才说："你呀，练习了这么久，只有这下面的这个点写得像你爹。"

曾经颇有些不知天高地厚的王献之感到十分羞愧，原来自己的字离老爹还有这么大的距离。从此王献之大门不出，二门不迈，专心于书房。直到将十八个大水缸里的水全用尽了，其书法水平这才到了炉火纯青的地步。也正因为王献之的不懈努力，终成为与父亲王羲之齐名的书法大家，在书法史上并称"二王"，被世人称为"小圣"。

习惯培养是一个持之以恒的过程。行为训练更要抓反复，反复抓。只要持之以恒，日积月累终能成功。

课堂是守望幸福的地方

俄国教育学家乌申斯基曾经说过:"教育的主要目的在于使学生获得幸福,不能为了任何不相干的利益牺牲这种幸福。"诺丁斯也提过:"好教育就应该极大地促进个人和集体的幸福。"

课堂教学是师生双边活动,没有教师幸福地教,也就没有学生幸福地学。当老师和学生积极参与到课堂教学之中,让生命释放意义感,他们就能在丰富多彩的教学活动中成长,获得生命意义上的幸福感。幸福是人类的永恒情结,课堂教学不仅应给人高品位的精神生活,而且应给人高品位的幸福体验。从一定意义上说,课堂是守望幸福的地方。

教学《登鹳雀楼》一课,我用了以下六步。

一、看图猜诗,赏景怡情

教学中,我采用看图画、猜古诗的方式,依次让学生重温四首古诗:《江南》《静夜思》《池上》《小池》,这四首诗是一年级学生学过的,通过回顾,学生既可以欣赏美丽的图画、感受深厚的文化,又可以唤醒认知储备,激活认知结构,为学诗做好铺垫。

二、以图解题,整体感知

"登/鹳雀楼"容易误读成"登鹳/雀楼"。原因何在?多是由于理解不到位造成的。鹳雀楼在哪里?为何叫鹳雀楼?谁登上了鹳雀楼?如果学生知晓了这些问题,想必不会误读。教学中,依次呈现了鹳雀楼、鹳雀、王之涣等组图,以图解题,整体感知,水到渠成。

三、举象入境,品诗悟理

举象:站在鹳雀楼上,举目远眺,会看到什么景象呢?出示落日西沉图,播放太阳缓缓下沉的动画。出示黄河东流图,由左向右播放动画,模拟水流插图是静态的，缺乏动态美。动画模拟太阳落山，化静为动，形象地还原了诗意。

四、教学"明理"诗句

通过"诗人还想看到更远的地方，更美的景象怎么办呢？"引出生说："要想看到更远的风景，就要登上更高的地方。"师动画演示：王之涣位置上移，表示登高之意。"欲穷千里目，更上一层楼"是《登鹳雀楼》的诗眼。但这两句诗极具哲理，不便字斟句酌。教学中，质疑激趣，理解后一句诗的意思，懂得表达的道理。

五、诗句运用

师：这两句诗，不仅用于登高赏景，对学习和生活也大有启示。举了三个例子，让学生"联系生活，古为今用"。这一环节是让学生在语境中学习运用"欲穷千里目，更上一层楼"。如此，既培养了学生语用意识，又使学生进一步理解了诗意，还不着痕迹地进行了励志教育。可谓一举三得，润物无声。

六、拓展登高诗

师：登高望远，借景抒怀，是中国人的传统习俗。历代的文人墨客留下了许多脍炙人口的登高诗。比如，唐代诗人李商隐的《登乐游原》。宋代诗人王安石的《登飞来峰》。此处教学运用链接式思维，引出"登高诗"这一概念，形成古诗组。

教学过程中，优美的音乐、引人入境的画面，师生对话、生生对话，课堂宁静、安全、温馨、轻松。有诗情画意，有奇思妙想，有思维碰撞，有情景，有灵气，课堂因此有了一种奇妙的意境感。

一位哲人曾经说过"一种文化首先意味着一种眼光"，"眼光不同，对所有事情的理解就不同"。当课堂被重新定义的时候，当我们真切地回归课堂教学人文立场的时候，检视课堂教学的"眼光"便有了新的角度，课堂教学便有了新的样态。

老师，上您的课是一种折磨

下午大课间我走在楼道中，突然背后传来一个男生的声音："周老师，我觉得上您的校本阅读课简直是一种折磨。"听到此话，我愣了一下，刚要询问，他跟着班级同学一起下楼了。我的心开始不平静了，我做错什么了吗？

等到第二天上他们班的课，我才恍然大悟。

课前，我发布的任务是：从《聪明的牧羊人》中选择一个故事改编成剧本，然后分配角色，准备好服装和道具，组长带领组员一起排练，下节课表演。

课上，这个男生带领本组的两个同学表演得非常精彩，他们的语言、动作、神态很到位，道具运用得当，大屏幕作为背景板，把需要的情境都展示了出来，甚至把不能表演出来的还做了动画。他们的表演赢得了同学们阵阵掌声。表演完毕后，观看的学生毫不吝啬溢美之词。

这时，我把我的疑问抛了出来。这个男生边比画边说："周老师，准备表演的过程中，我和组员每天都交流……"

刚说到这儿，一个组员补充说："老师，他经常骚扰我，我一开始不怎么上心，后来在他的鼓动下，我也越来越兴奋了，嘻嘻……"

"之后，我们在课间抓紧排练，就是今天这个样子啦。老师，我当时觉得是种折磨，今天觉得是享受……"然后冲我笑起来。

我也笑起来，总算松了一口气，原来如此啊！

民间故事情节生动、曲折，适合表演。学生编写剧本、表演的兴趣浓厚，最主要是能够提升学生的理解故事的能力。学生之后创作出的剧本真是越编越精彩，表演也越来越成熟。

古诗是璀璨的明珠

古诗词集色、画、意境之美与艺术之美于一体,它具有特殊的审美功能,使学生受到美的影响。"诗中有画""诗中有情""诗中有理",不仅闪耀着美的光芒,而且给人以深刻的启迪。

从"前不见古人,后不见来者""千山鸟飞绝,万径人踪灭"这些诗句中能感受到一种永恒亘古的孤独感;从"天生我材必有用,千金散尽还复来"诗句中能感受到天才的自信和气度。古典诗词不仅浓缩了国家民族发展的方方面面,也概括了人民生活的细枝末节,是中国历史的精华。古典诗词有助于今人更好地理解历史。

我们教学时,到底怎样做,才能让学生有兴趣学呢?

首先,让学生觉得有意思。如果下雨,就教《春夜喜雨》:"好雨知时节",《芙蓉楼送辛渐》"寒雨连江夜入吴"。如果下雪,就教《逢雪宿芙蓉山主人》"风雪夜归人"。

其次,让学生可以听故事,学点浅显的历史、地理。比如《忆江南》,可以讲讲"西湖""吴宫"。学《蜀相》和《绝句》:两个黄鹂鸣翠柳,可以学讲讲"东吴"与"西蜀"的关系,顺便讲三国的历史故事。

再次,让学生想象。教学《游子吟》一诗,让学生想象:作者看到母亲做好的新衣服时,会想些什么,说些什么?学习《赠汪伦》时,让学生想象:汪伦为什么来晚了?李白和汪伦临别时会说些什么?这些问题联系了学生的生活实际,拉近了诗词和学生生活的距离,降低了学习古诗词的难度。

最后,让学生应用。小雨成天心思不在学习上,我们会用学过的诗句劝他:"少壮不努力,老大徒伤悲。"当有的同学浪费粮食时,我们会用唐代李绅的诗句对他说:"谁知盘中餐,粒粒皆辛苦。"春天到了,我们会说:"沾衣欲湿杏花雨,吹面不寒杨柳风。"夏天来了,我们会说:"接天莲叶无穷碧,映日荷花别样红。"秋天到了,我们会说:"停车坐爱枫林晚,霜叶红于二月花。"冬天来了，我们会说："忽如一夜春风来，千树万树梨花开。"在这一首又一首的四季赞歌中，享受春夏秋冬之美，享受学诗之乐。

中国是世界上历史悠久的国家，这是中国与众不同、卓然独立的关键内在。古诗在中国文化史上有着不可替代的地位，是中国灿烂文化遗产中的瑰宝。在浩瀚如烟的文学长河中，古诗就如璀璨的明珠，传承着华夏儿女的血脉精髓。

学古诗

在班里，小宋同学每周都会教大家学习一首古诗。从开学到现在已经学习了《风》《小儿垂钓》《山行》《劝学》《凉州词》等。

学习古诗可以促进孩子的大脑发育。音乐能够促进孩子大脑发育，其实古诗词也和音乐一样，可以促进孩子的大脑发育。音乐有一定的旋律，并且音乐可以增强孩子的想象力。而古诗也是有韵律的，而且古诗词就是一个小故事，所以孩子在背诵的过程中也会得到锻炼。

学习古诗可以提升孩子的文化素养。孩子的文化底蕴不是一朝一夕形成的，而是需要时间的沉淀。只有小时候家长给孩子积累得够多，那么才会量变产生质变，孩子的文化底蕴才会厚积薄发。

学习古诗可以提升孩子的语言能力。教育学家把4—12岁称为语言关键期，这一时期更容易习得语言，未来也可以灵活运用。因为人类大脑中掌管语言学习的区域——"布罗卡"区，在4—12岁是灵敏期。12岁之后，绝大部分人的"布罗卡"区会关闭，此时再学语言，大脑会将这些语言存储在记忆区，运用时就不再那么自如灵活了。这也正是为什么要从小学就重视诵读的原因。

学习古诗可以提升孩子的阅读理解能力。古诗词文字简练，我们现代人用一个小作文才能表述明白的一个场景，古诗词用4句话就表达清楚了，那么孩子背诵的多了，诗词内容与含义也会变得越来越立体清晰，这对他们的阅读理解能力有着很大的提升。

因此，学习古诗要从小培养。

小荷才露尖尖角　早有蜻蜓立上头

夏日，到龙潭湖公园散步，满池的荷花开得正艳，忽听一小孩稚嫩的声音："小荷才露尖尖角，早有蜻蜓立上头。"这句诗动静结合，远近相交，正好符合这生动的意境，真是美哉、妙哉！

小学教材选择背诵的篇目都是诗歌，共75篇，这些"推荐背诵篇目"的确定，既征询了古典文学研究专家的意见，又广泛征求了一线教师的意见。从所选古诗文篇目来看，绝大多数是历代传诵的经典作品，经典性是入选的第一标准。第二，是比较优美、好读、上口，适合不同学段学生阅读背诵。第三，是思想情感也比较健康，适合小学生接受。

比如苏轼的《题西林壁》中，诗词就能够很好令学生们领略："横看成岭侧成峰，远近高低各不同"这句诗。体验诗人从不同角度，细心观察庐山的直观体验！教会学生处处留心皆学问，要细心观察生活！

比如李白的《望庐山瀑布》，大气磅礴的"飞流直下三千尺，疑似银河落九天"，诗人李白以丰富的想象力和夸张的手法，突出了瀑布的高、宽、厚、雄伟壮观，读后给人留下深刻的印象，表现出诗人李白洒脱不羁的性格特点。

有心理学家指出，人的记忆力在儿童时期发展极快，13岁达到高峰，此后，主要是理解力的增强。小学生大脑处在发育期，对语言比较敏感，记忆力强，多读，特别是多背诵一些诗文，至少背诵百篇后，用这些诗文打底子，整个语文表达能力就可能提升一层次。所谓"熟读唐诗三百首，不会作诗也会吟"，"读书百遍，其义自现"，不无道理。背诵和诵读都是一种浸润式学习，反复诵读文质兼美的诗文，无形中就会沉浸到作品的意境之中，也会增强语感。

"胸藏文墨虚若谷，腹有诗书气自华"。小学生热爱读书、勤于积累、勇攀学习高峰，就会变得学识丰富，见识广博，就会由内而外产生出一种气质和风度。

自古英雄出少年

今日偶然读到陶行知先生的话,深以为然。

有人说:年纪太小,不能创造,见着幼年研究生之名而哈哈大笑。但是当你把莫扎尔特、爱迪生及冲破父亲数学层层封锁之帕斯加尔(Paschal)的幼年研究生活翻给他看,他又只好哑口无言了。

——陶行知

在日常的教育教学中,我们时常发现学生有着初生牛犊不怕虎的勇气,有着无知者无畏的果敢,更有着心无旁骛的专注。本已有答案的问题提出来,学生回答的角度其实更好;本已有了解决方法的事情,学生提出的方法效率更高;甚至本已觉得山穷水尽了,学生却发现了柳暗花明。

都说自古英雄出少年。曹冲六岁称象传为美谈,更有骆宾王七岁成诗、夏完淳十四岁从军,展示着少年英雄恣意飞扬的风采。

人人都是创造之人,没有年纪大小的差别,教育者最需要的是信任,相信学生的创造才能,相信学生的创造激情。

科学精神

虽然我是个语文老师，但是我也经常会听到小学生问些有意思的问题：比宇宙大的是什么？水是从哪里来的？黑洞里面有什么？我当然觉得这些问题非常好，可是我该如何回答呢？

最近听到中国科学院院士武向平的报告，原来学生的这些问题是非常宝贵的。他讲了一个例子：一个学生突发奇想，蚯蚓在土里为什么跑得快？后来通过查找资料知道蚯蚓跑得快是因为它有一些小的喷射孔，喷射孔会喷出一些黏液，减少它和土壤之间的摩擦，所以它跑得快。这个同学就想了两个问题，是否可以把这种现象用于解决固体和液体之间的摩擦？是否能用这种办法来提高船的速度？武院士给他在上海交通大学提供一个池子，让他实现了他的想法，结果发现这个还真是有用，并做出了非常优异的成绩。

随着年龄的增长，孩子们的科学兴趣，好奇心都会减弱，武院士把青年科学家聚集在一起做了一个调研：什么对你现在做科研影响最大？大家的答案是早期的学习教育影响最大，特别对女性的科学家，影响达到39%，由此看出，早期的科学教育是非常重要的。

在科学教育中，需要培养学生的科学精神。

李时珍是中国古代医药学的集人成者。《本草纲目》列举了植物药、动物药和矿物药共1800多种，1800多种药里边，李时珍自己发现的就有380种。他到深山里边去挖药，然后对照过去的记载，对的，他就传承下来；错的，他就改正。工作40年，才最后成稿，这就是求真的科学精神。

中华人民共和国成立后，我国的人口持续增长，粮食产量渐渐不能满足人民的需要，饥荒问题日益严重。袁隆平院士等众多的科研者，为了让人民吃饱肚子，在实践中，他们发现了杂交水稻技术的独特优势开始研究。而事实上，在他们之前，国外众多的科学家已经对此进行了研究，但他们普遍认为这项技术在现实生产中无法应用，他们中有些人嘲笑杂交水稻的研究。但是，中国的科学家们没有被舆论压倒，而是顶着压力，坚守真理，向权威发起挑战，最终以解决11亿人口温饱问题的傲人成绩证明了杂交水稻的研究不仅不是笑话，而且具备跨时代的意义。从他们身上，我们看到的是不畏权威、忠于真理、敢于质疑的科学精神。

41岁就当选为美国国家科学院院士的王晓东教授认为："每位科学工作者在科研过程中都可能遭遇到挫败，但要拿出屡败屡试、越挫越勇的精神来。科学家要耐得住寂寞，不能急功近利。"是的，学会拥抱失败，对目标有锲而不舍的追求，坚持到成功。无疑，这也是科学精神。

在学校教育中，我们不可能把每个学生培养成科学家，因为每个学生的潜质不一样，兴趣也是不一样的，有的学生可能喜欢唱歌，有的学生可能体育比较好，有的学生想成为文学家……但是在科学教育中，我们需要培养学生的科学精神。

科学思维

中国共产党在第二十次全国代表大会报告中提出，实施科教兴国战略，强化现代化建设人才支撑。报告给国家定了两个战略目标，到2035年，基本建成社会主义现代化，到2050年，成为社会主义现代化的强国。我们会发现到2050年的时候，我们的小学生已经到34—40岁了，我们的大学生已经到47—50岁了，建设世界科技强国之一的重任就落在了他们身上。科学的力量是不可估量的。如果没有电磁理论，就不会有当今的无线通信；如果没有微生物的发现，就不会有今天的疫苗；没有牛顿的三大定律，也不会有航天器的升空。作为教育者，我特别同意中国科学院武向平院士说的，科学教育是一种养成性教育，是要让孩子们有像科学家一样的思维，具备科学的思维方式。什么是科学的思维方式呢？

我们对事物认知的科学思维是：概念、判断、原理、分析推理。我看到一个对葡萄认知过程的例子，这背后就包含着整个科学思维的过程。

首先我们见到了葡萄，认识了这个东西就叫葡萄，这就是概念。我们世界的很多事物都是通过概念表示的，如果你真的掌握了一个概念，那么你就差不多掌握了这个知识将近80%的知识。

有了一个事物的概念之后，接下来要掌握的能力是判断。拿葡萄举例子，我们教会一个人什么是葡萄后，我们会问为什么苹果不是葡萄呢？我们该怎么去思考这个问题呢？按科学思维的方法应该是这样的：如果苹果是葡萄，那么苹果应该是一串一串的；换成它的逆反命题应该是：如果苹果不是一串一串的，那么苹果不是葡萄。然后我们观察苹果后发现苹果确实不是一串一串的，是一个一个的。所有我们判断了苹果不是葡萄。

科学思维的第三个过程是推理，推理是比较复杂的思维过程，推理必须有原理。拿葡萄举例，例如葡萄放久了为什么会坏掉？这就是典型的一个需要推理思维完成的事件。我们首先要有这样的基本认识：水果坏掉可能是因为环境潮湿、温度高等原因，这是科学原理。然后我们接下来需要去真正探究葡萄放久了坏掉的原因，在这里我们用实验的方法。我们可以设计一下这个探究实验。实验如下：首先我们做一个假设，葡萄放久了变坏是因为温度过高的原因。然后我们可以取两份几乎一模一样的葡萄，这两份葡萄可能是从我们买的同一串葡萄中分的。然后一份葡萄放在冰箱里，一份葡萄放在温度高的地方，要保持其他的条件都一样。按时间进行观察记录。

最后我们通过记录可以进行分析，得出结论。过了一段时间，我们看到冰箱里的葡萄没有坏掉，冰箱外面的葡萄坏掉了不少颗，实验结束。我们可以得出这样的结论：葡萄放久了坏掉与环境的温度有关，温度高的环境，葡萄容易坏掉。

培养学生的科学精神、科学思维的前提是学生要对科学有兴趣。对科学兴趣浓的学生其他兴趣也非常广泛，而且自信心也很强。希望每个学校都能涌现出热爱科学的学生。